AF298441

ETUDE sur le procédé Bessemer

PAR

M. A. LA SALLE.

Les publications relatives au procédé Bessemer, qui ont été récemment communiquées à la Société des Ingénieurs civils, sont de nature à exciter au plus degré l'intérêt de ses membres ; car s'il est vrai que ce procédé réalise pleinement les espérances qu'il avait fait concevoir à son origine, s'il faut croire qu'on soit enfin arrivé à une solution pratique satisfaisante, il constitue sans contredit l'une des découvertes les plus importantes de la métallurgie moderne.

Produire à bas prix et dans des conditions supérieures de qualité le fer et l'acier, ces métaux qui jouent un si grand rôle dans l'industrie, est assurément l'un des plus beaux problèmes qu'il soit donné à notre siècle de résoudre. Bessemer y aura contribué dans une forte mesure, et la France lui devra une large part de reconnaissance ; car, si l'exploitation pratique du nouveau procédé exige l'emploi exclusif de fontes supérieures, nous n'avons sous ce rapport rien à envier à l'Angleterre.

La nature et la richesse de nos bons minerais, les frais modérés de leur extraction, la nécessité de les traiter au charbon de bois pour en conserver la bonne qualité, sont autant de conditions qui, jointes à la suppression du combustible d'affinage, tendent à

1861

rétablir l'équilibre qui a toujours fait défaut au détriment de la France, dans toutes les questions relatives à la production économique du fer et de l'acier.

Si l'on peut accorder toute confiance aux faits annoncés par les divers mémoires qui ont été publiés sur le sujet qui nous occupe, les produits Bessemer seraient déjà, depuis quelque temps, cotés sur les marchés de métaux de la Grande-Bretagne et de la Suède ; les prix auxquels ils sont offerts font supposer que, sous le rapport de l'économie de la fabrication, la nouvelle méthode d'affinage peut lutter avantageusement contre les procédés ordinaires ; enfin l'importance des quantités fabriquées et écoulées témoignerait qu'ils ne sont plus seulement le résultat accidentel de quelques expériences plus ou moins heureuses, mais bien les prémices d'une fabrication régulière, et la preuve d'une marche normale de l'opération.

Il y a lieu de s'étonner que la France soit restée en arrière, qu'aucun de ses expérimentateurs ne soit parvenu jusqu'ici à pouvoir proclamer un succès. Cette circonstance ferait supposer qu'on n'est point fixé encore sur la meilleure voie à suivre, ou que les conditions à remplir n'ont pas été suffisamment mises en évidence, pour que des expériences puissent être tentées par tout le monde, avec la certitude de réussir. La simplicité élémentaire du principe théorique qui forme la base du procédé, mise en regard de l'importance des résultats que l'application faisait pressentir, devait cependant séduire les praticiens de tous les pays et appeler l'attention des savants. Malheureusement les premières tentatives ne furent pas heureuses, on dépensa beaucoup de temps et d'argent en expériences, d'abord infructueuses, qui rebutèrent dès l'origine les plus chauds partisans de la nouvelle invention ; les objections soulevées par ces premiers insuccès ne tardèrent pas à se répandre, et il fallut, en Angleterre même, toute la constance dont l'inventeur a fait preuve, toute la puissance des facultés persévérantes des capitaux anglais, pour triompher des nombreuses difficultés qui se présentèrent.

En Suède, les immenses avantages qu'on devait espérer de l'application du procédé aux excellentes fontes supérieures de ce pays pour la fabrication de l'acier exerçèrent naturellement une forte attraction en sa faveur ; l'Association des maîtres de forge du Jern-Kontoret ne recula devant aucun sacrifice pour atteindre un but si désirable, et les rapports qui nous parviennent témoignent que leurs efforts furent couronnés d'un plein succès.

En France, on s'est contenté jusqu'à présent de suivre de loin les différentes phases des expériences anglaises et suédoises ; si l'on en excepte quelques tentatives qui n'ont abouti, que nous sachions, à aucun résultat industriel, la nouvelle invention n'a pas encore été sérieusement envisagée, elle n'a pas non plus aussi vivement préoccupé l'esprit public qu'on aurait dû s'y attendre. Les capitaux français sont circonspects et ne se risquent qu'à bon escient ; mais la situation métallurgique qui a été faite à la France par les derniers traités de commerce intéresse de trop près sa prospérité industrielle, pour qu'on ne s'y montre pas jaloux de profiter des progrès réalisés chez de redoutables concurrents ; aussi pensons-nous que, du jour où la question aura été suffisamment étudiée pour faire entrevoir des chances positives, on s'empressera d'entrer franchement dans la voie tracée par la découverte de Bessemer, et nous sommes convaincu que l'industrie nationale y trouvera des avantages d'un ordre supérieur.

Quoique tout paraisse aujourd'hui confirmer la réalité des succès obtenus, on ne peut passer sous silence les contradictions révélées par la discussion des Ingénieurs civils de Londres. Certains faits avancés par des personnes qui s'annoncent comme ayant fait d'importants sacrifices en faveur de la nouvelle invention, ne tendraient à rien moins qu'à ramener le doute sur la véracité des données expérimentales communiquées par Bessemer et ses partisans ; mais il est aisé de voir que les objections portaient beaucoup moins sur les résultats acquis en dernier lieu, que sur ceux d'une époque antérieure ; on pourrait avec quelque raison reprocher à leurs auteurs d'avoir depuis lors plus ou moins perdu de vue la question.

Les expériences de Woolwich au contraire ont un caractère qui ne saurait être suspecté ; elles accusent des résultats trop supérieurs pour ne pas éveiller toute l'attention des Ingénieurs.

Elles prouvent que, sous le rapport des résistances, on a pu atteindre, tant pour le fer que pour l'acier, les limites les plus élevées que les meilleurs produits connus soient susceptibles de donner ; que, même sans le secours du martelage ou du laminage, on peut, pour des objets coulés en moules par exemple, déjà compter sur des résistances au moins égales à celles des fers et aciers le plus communément employés dans l'industrie, et en tous cas de beaucoup supérieures à celles des meilleures fontes. Nous dirons plus encore, c'est que le reproche qu'on a fait aux fers de Bessemer, d'être trop secs, est un éloge ; car c'est là le caractère des fers rigoureusement purs, qui n'étant nullement tendres sont plus difficiles à bien chauffer et à bien souder, mais n'en donnent pas moins comme résistance des résultats tout à fait supérieurs. Il est du reste si facile de remédier à ce défaut, si c'en est un, que nous n'avons pas à nous y arrêter.

En tous cas, le fait qui prédomine actuellement, c'est la possibilité de produire économiquement des fers et aciers de premier choix ; ce fait suffit pour consacrer la valeur théorique du procédé, et pour justifier les recherches expérimentales qui feront arriver tôt ou tard à ce qu'on se rende maître des difficultés pratiques. Il appartient aux hommes spéciaux d'étudier les causes qui retardent le succès à ce dernier point de vue ; c'est ce que, pour notre part, nous nous proposons de faire dans cette note ; nous nous estimerons heureux, si nous parvenons à jeter quelque lumière dans une question qui intéresse à un si haut point l'industrie générale.

Dans les objections qui se sont successivement produites depuis la naissance du nouveau procédé, on se préoccupa d'abord de l'idée que, durant l'affinage progressif s'opérant sous l'influence de l'air, le métal devait, comme dans les autres méthodes, s'épaissir au fur et à mesure que la décarburation avance, et que cet épaississement devait rendre la manipulation très-difficile, sinon impossible, vers la fin de l'opération. Mais Bessemer, en rendant compte de ses premières expériences, annonça que l'insufflation de l'air dans la fonte liquide déterminait une élévation de température suffisante pour permettre, l'affinage étant achevé, de couler le métal en lingotières.

On pensa alors que l'élévation de température ne pouvait être obtenue qu'à la condition de brûler une grande quantité de fer, et que cela devait donner lieu à des déchets considérables. On objecta enfin que, si la température s'élevait au point de maintenir en fusion le fer réduit, il ne serait pas possible de trouver des matériaux assez réfractaires pour résister à une chaleur aussi intense.

Nous savons aujourd'hui, que les déchets n'excèdent pas 20 à 22 p. 0/0, dans l'affinage complet, 13 à 15 p. 0/0, dans l'affinage pour acier, et que Bessemer, paraît avoir résolu la question réfractaire en employant comme enduit, ou comme garniture, à l'intérieur de son appareil, le *ganister* de Sheffield. Cette matière, réfractaire par excellence, dont on fait usage depuis longtemps en Angleterre pour la préparation des fours et des creusets de fusion de l'acier, n'est autre chose qu'un grès pulvérisé, ou qu'une sorte de pisé formé de la boue des routes de la localité, qui s'obtient à un prix très-modéré.

La France possède d'excellents matériaux réfractaires, qui, dans les circonstances particulières de la fusion de l'acier, don-

nent des résultats non moins avantageux ; il est donc probable que, sous ce rapport, on ne rencontrera pas plus de difficultés.

Il paraîtrait résulter aujourd'hui, de ce qui est exprimé dans
le mémoire de Bessemer et de la discussion à laquelle il a donné
lieu dans le sein de la Société des Ingénieurs civils de Londres,
que l'insuccès des premiers essais devrait être attribué aux imperfections chimiques des fontes employées ; que, notamment,
celles qui contiennent du soufre ou du phosphore ne seraient
point susceptibles d'être avantageusement affinées par le nouveau procédé.

On a reconnu, en outre, qu'on n'arrivait à aucun résultat,
lorsqu'on opérait sur de trop faibles masses, et que, pour obtenir
une fluidité parfaite, il fallait traiter environ une tonne de fonte
à la fois.

Là se bornent, en quelque sorte, toutes les données expérimentales utiles ; on peut donc, avec quelque raison, reprocher à
M. Bessemer d'avoir négligé le plus essentiel, et regretter qu'il
n'ait pas jugé devoir révéler les indications pratiques qui pourraient mettre sur la voie d'une bonne discussion théorique de son
système. Il serait intéressant, par exemple, de connaître exactement, la composition chimique des fontes employées, et celle
des produits correspondants ; quels volumes d'air il est nécessaire d'insuffler par 100 k. de fonte, selon les produits qu'on veut
obtenir ; la pression initiale la plus convenable à donner à cet
air ; quelles sont les proportions de déchets suivant la durée plus
ou moins longue des opérations, ou suivant la nature des produits obtenus ; quelles sont enfin, dans ces déchets, les relations
à établir entre les quantités représentées par les scories et celles
entraînées au dehors de l'appareil par la violence d'éruption des
gaz, etc., etc.

Nous allons, néanmoins, essayer de déduire de quelques considérations théoriques, qui nous paraissent le mieux s'appliquer au sujet, la marche qu'il conviendrait de suivre, pour arriver le plus sûrement et le plus promptement à des résultats industriels.

Dans tout affinage, le réactif essentiel c'est l'oxigène, dont le rôle, basé sur des différences d'affinité, est de transformer le carbone en gaz oxide de carbone qui se dégage, et les corps étrangers en oxides et acides, qui, réagissant accessoirement les uns sur les autres, se séparent du fer à l'état de scories fusibles. Ces réactions ne peuvent avoir lieu sans le secours d'une température élevée; elles opèrent la réduction d'une manière d'autant plus rapide et complète, que le métal approche le plus de l'état de fluidité.

Mais l'oxigène agit tout aussi bien sur le fer que sur les autres composants de la fonte; seulement, comme il a plus d'affinité pour le carbone, il se porte de préférence sur ce dernier; et, tant que le métal en contient encore, l'oxide naissant peut être réduit à l'état métallique au fur et à mesure qu'il se forme, sauf toutefois ce qui, pendant la durée de l'opération, a pu passer et rester définitivement dans les scories vitrifiées, en compagnie des autres oxides dont le métal s'est épuré.

On ne saurait admettre qu'il pût en être autrement, car l'oxide de fer ne peut subsister à l'état libre dans la fonte, puisqu'il n'est pas soluble dans cette dernière. Jamais du moins l'analyse chimique n'a pu constater la moindre trace d'oxigène dans la fonte; jamais non plus on n'a pu découvrir la présence du carbone dans les fers brûlés qui ne sont, à tout prendre, que des fers imprégnés d'oxigène. On peut par conséquent établir avec certitude que, toutes les fois que le carbone et l'oxigène se trouveront en présence dans le fer liquide, ils se combineront immédiatement, et que, s'ils y sont en proportions convenables, le fer pourra en être complétement débarrassé.

Outre le fer et le carbone, la fonte contient toujours du sili=
cium ; le plus souvent elle renferme aussi des phosphures, lors
même que les minerais qui l'auraient produite ne donneraient à
l'analyse aucune trace de phosphore ; elle contient enfin quelquefois du soufre et d'autres substances, telles par exemple, que
manganèse, calcium, magnésium, arsenic, cuivre, etc., etc.,
dont l'influence est, ou trop peu nuisible, ou trop exceptionnelle
pour que nous ayons à nous en occuper.

Le silicium se conduit dans la fonte liquide absolument comme
le carbone, à cette différence près, que l'oxide de carbone s'é-
chappe à l'état de gaz, tandis que la silice forme avec les oxides
métalliques des silicates fusibles qui s'écoulent avec plus ou
moins de facilité. Il faut croire, du reste, que l'affinité du silicium
pour l'oxigène est au moins égale à celle du carbone, car on retrouve presque toujours ces deux corps dans le fer en quantités
sensiblement proportionnelles à celles qui existaient originelle-
ment dans la fonte ; mais la cémentation dans les oxides métalliques nous démontre que le carbone est doué de la mobilité
atomique dans le métal solide, tandis que dans cette même circonstance le silicium reste fixe ou du moins il demeure dans le métal ;
il en résulte que, pour que ces deux substances puissent être
éliminées en même temps, il faut que la réaction se fasse avec
le concours de la fluidité.

Eu égard donc aux trois composants, fer, carbone et silicium,
la fonte ne pouvant être considérée autrement que comme une
dissolution réciproque, ou un alliage de ces trois corps, il suffirait
en principe qu'elle fût liquide, et qu'elle fût attaquée en un point
par l'oxigène, pour que l'affinage eût lieu ; car, en raison de la
mobilité atomique du carbone et du silicium liquides dans la fonte
fluide, il faut supposer qu'au fur et à mesure que la dissolution
s'appauvrit au point attaqué, les parties avoisinantes laissent affluer successivement de proche en proche les composants dissous,

de manière à maintenir toujours l'homogénéité de la saturation dans un état d'équilibre.

Mais il est clair que si la réaction n'a lieu qu'en un point, ou sur une surface de peu d'étendue, elle sera longue ; car elle durera tout le temps que mettra le volume d'air ou d'oxigène reconnu nécessaire, à venir présenter successivement tous ses atômes au contact du dit point, ou de la dite surface.

En outre, si l'affluence de l'oxigène est plus grande que ne le comporte la promptitude de la réaction, ou si, en d'autres termes, l'oxigène se présente en plus grande abondance qu'il ne convient pour donner au carbone et au silicium le temps d'arriver de leur côté, l'oxidation du métal gagne du terrain et finit par l'emporter.

On comprend, dès lors, que la seule difficulté pratique de l'affinage est dans la manière d'opérer mécaniquement le mélange intime des parties ; car ce mélange n'a d'autre but que de multiplier les contacts du réactif, afin d'en régulariser les effets et accélérer la marche de l'opération. C'est précisément en cela que les méthodes actuelles sont dispendieuses et présentent de graves imperfections ; car, soit qu'on opère dans un feu soufflé, soit qu'on opère dans un four à puddler, si l'on expose de la fonte liquide à l'action d'un courant d'air, non seulement le bain ne peut offrir à l'oxigène qu'une surface relative de peu d'étendue, mais, cette surface se recouvrant continuellement de scories en fusion, l'accès de l'air s'y trouve sans cesse contrarié. Aussi est-on forcé de recourir à d'autres expédients.

Dans l'affinage au feu d'affinerie, on s'arrange de manière à faire traverser à la fonte le vent soufflé, en la fondant une première fois goutte à goutte sur un lit de combustible au-dessus de la tuyère, puis on aide la décarburation par le secours des scories riches qui viennent se réunir avec la fonte dans le creuset. Mais on n'obtient dans cette première période qu'un demi-affinage ; cependant le métal commence à prendre nature, il faut alors, pour en achever la décarburation, soulever la masse, la replacer au-dessus de la tuyère, la refondre une seconde fois, la briser et la manipuler de manière à exposer successivement toutes ses parties déjà solidifiées à l'action du courant d'air, en ayant soin toujours de faire concourir utilement les battitures et les scories. Cette méthode, quelque imparfaite qu'elle soit, donne cependant de bons résultats, parce qu'on n'y emploie que des fontes supérieures et des charbons végétaux ; mais il est nécessaire qu'elle soit complétée par des ressuages ; elle est dispendieuse et constitue sans contredit la manipulation la plus pénible et la plus difficile de toutes les opérations métallurgiques.

Dans le four à puddler, on remédiait autrefois à l'inconvénient de la fluidité en n'amenant pas tout à fait la fonte à la fusion complète ; on profitait de sa faculté de granuler à un point voisin de la fusion, pour la mélanger plus intimement aux scories, et pour exposer une plus grande surface à l'action réductrice des gaz ; mais, aussitôt que le métal prenait nature, il emprisonnait ses crasses, ne présentait plus qu'un accès insuffisant à l'oxigène, l'absence de fluidité paralysait la mobilité atomique du silicium et des autres substances étrangères, et l'on n'obtenait qu'un métal souillé d'impuretés et de mauvaise qualité. On y remédie aujourd'hui dans le puddlage à haute température qui amène la fonte à l'état de fusion complète, en faisant un emploi plus étendu des crasses ; ce sont alors les oxides métalliques, fournis par ces crasses, qui opèrent en plus grande partie la décarburation. Mais on ne parvient à les mélanger d'une manière satisfaisante que par un brassage très-énergique, et il arrive toujours un moment où, le métal étant pris, il ne se laisse plus si facilement manipuler.

Ces méthodes, ainsi que tous les autres procédés qui n'en sont que des dérivés plus ou moins défectueux, se caractérisent entre les méthodes d'affinage appliquées aux métaux usuels, par l'impossibilité où l'on se trouve de maintenir la fluidité du métal pendant toute la durée des réactions chimiques ; il en résulte, comme conséquence inévitable, que les produits manquent d'homogénéité, restent plus ou moins souillés d'impuretés mécaniquement mélangées et qu'on ne peut traiter à la fois que des masses très-peu importantes. Pour y remédier, on est forcé de soumettre ultérieurement les produits bruts à des corroyages et à des ressuages, qui, lorsqu'ils sont convenablement répétés, finissent par améliorer considérablement le produit final ; mais on conçoit qu'on ne peut user de ces moyens que comme palliatifs, car, en raison des forts déchets qu'ils provoquent, ils doivent nécessairement être limités ; aussi les produits définitifs laissent-ils toujours quelque chose à désirer ; les résistances et les autres propriétés du métal sont inconstantes ; elles forcent par cela même à rester, dans les applications industrielles, beaucoup au-dessous des limites qu'un métal parfaitement épuré serait susceptible de donner.

Enfin, les procédés actuels sont dispendieux, parce qu'ils nécessitent des mains-d'œuvre difficiles et pénibles, qu'ils donnent beaucoup de perte en déchets ; et que, pendant tout le temps que les réactions et manipulations doivent durer, il faut brûler du combustible pour maintenir le métal à une température excessivement élevée.

On a pu voir, d'après les explications que nous avons déjà données, que, si l'air n'est pas exclusivement employé dans les procédés ordinaires comme agent réducteur, cela tient uniquement à ce que, en raison de l'insuffisance des moyens mécaniques ou artificiels dont nous disposons pour en régulariser l'action, il agit avec trop de promptitude ou trop d'énergie, et occasionne par cela même une trop forte oxidation du fer. On pourrait dire, en quelque sorte, que l'oxigène libre de l'air, envahit le métal avec tant de précipitation, que le carbone n'a pas le temps de s'y opposer, et que, lorsque ce dernier est complétement épuisé, l'envahissement subsiste

L'intervention des scories riches présente à cet égard un double avantage; car, outre qu'elles protégent le métal contre l'influence trop vive des gaz, elles compensent, par leur réduction partielle, le déchet que, malgré leur présence, on n'est pas parvenu à empêcher.

Mais il est certain que, si l'on pouvait régler et diriger le jeu de l'air, de manière à ne produire que juste la quantité d'oxide naissant suffisante pour opérer la réduction du fer, on réaliserait une condition excellente, car l'oxigène libre de l'air est de toute manière l'agent le plus utile de la réaction ; il n'y aurait pas, dans ce cas, d'autre déchet que celui représenté par les substances à éliminer de la fonte, et conséquemment pas de scories riches à utiliser. On éviterait donc l'emploi d'une matière qui est devenue le réceptacle de toutes les impuretés dont on cherche à se débarrasser, qui se trouve encore salie de toutes les terres qui s'y sont réunies au moment où on les a recueillies au pied des fours, des laminoirs et des marteaux, et qui dans bien des circonstances peut offrir certains dangers, eu égard à la qualité finale des produits.

L'expérience a d'ailleurs prouvé que l'oxide combiné des scories n'a presque aucune action sur les substances étrangères; cela se conçoit d'autant mieux, que l'oxigène déjà combiné avec le fer ne peut obéir qu'à une affinité plus grande; il ne doit donc céder qu'au carbone qui, étant lui-même à l'état libre, se trouve dans les meilleures conditions pour l'enlever au métal.

A tous ces points de vue, le procédé Bessemer, il faut le reconnaître, présente le type le plus parfait qu'il soit possible d'imaginer. L'injection de l'air dans un bain de fonte liquide, par un grand nombre de tuyères à la fois, tout en multipliant extraordinairement l'étendue des surfaces en contact direct avec le réactif, provoque en même temps un violent bouillonnement qui mélange sans cesse les produits naissants de la réaction ; il en résulte que l'oxigène, dans son passage à travers la masse, doit rencontrer continuellement le carbone et les substances avec lesquelles il doit se combiner, et que ses précieuses facultés réductrices peuvent être utilisées sans envahissement de sa part. C'est là un moyen radical qui réalise, sous une autre forme et de la manière la plus heureuse, les effets du brassage des fours à puddler combinés avec ceux du soufflage des feux d'affinerie, sans le secours d'une main-d'œuvre pénible et coûteuse; et, comme il procure en outre l'immense avantage de développer une élévation de température capable de conserver en toutes circonstances, sa fluidité au métal, les réactions peuvent s'achever d'une manière plus homogène et plus complète, sans l'emploi d'aucun combustible étranger.

Nous voyons donc que, eu égard au carbone et au silicium, la méthode Bessemer est des plus rationnelles et qu'elle doit assurer la complète réduction du fer dans un temps très-court; car, nous le répétons, il n'est pas même nécessaire que l'oxigène aille chercher successivement tous les atômes de la fonte pour les réduire individuellement; quelle que soit l'étendue ou la multiplicité des contacts, la réduction s'opère simultanément et progressivement dans toute la masse du bain métallique, pourvu, bien entendu, que celui-ci reste constamment liquide et doué d'une parfaite fluidité.

Le mélange et la subdivision de l'air ont plutôt pour effet utile d'empêcher ce que nous avons appelé l'envahissement du métal par l'oxigène, et de suppléer à l'insuffisance des moyens artificiels qu'offrent les méthodes actuelles pour mettre en harmonie l'activité de ce dernier avec la vitesse d'affluence atomique des substances qu'il s'agit d'expulser.

Lorsque les fontes contiennent du soufre, du phosphore et d'autres métaux que le fer, l'élimination n'en est pas aussi facile, parce que le soufre et le phosphore se combinent avec le fer, et certains métaux sont réduits par le carbone au fur et à mesure qu'ils parviennent à être oxidés.

Les sulfures et phosphures existent à la vérité à l'état de dissolution dans la fonte liquide ; à cet égard, ils devraient, quant à l'appauvrissement progressif de la dissolution, se conduire comme le carbone et le silicium ; mais l'oxigène ne peut agir sur les corps combinés avec la même énergie que sur les corps libres en dissolution ; il arrive donc que, tant que la fonte retient du carbone et du silicium, il se porte de préférence sur ces derniers, et qu'il ne peut agir avec autant d'efficacité sur les sulfures et phosphures.

Ceci explique pourquoi les fontes sulfureuses et les fontes phosphoreuses ne peuvent donner des produits supérieurs, quelle que soit d'ailleurs la méthode d'affinage qui leur soit appliquée ; parce que, pour parvenir à expulser les dernières traces de soufre et de phosphore, il faudrait pouvoir poursuivre l'oxidation générale après la complète décarburation, qu'un semblable résultat ne saurait être atteint sans oxider le fer lui-même dans de fortes proportions, et qu'il n'existe pas, comme dans le raffinage du cuivre par exemple, de moyen pratique et économique d'enlever l'oxigène après la purification du métal.

Il se présente donc là un obstacle sérieux, car il semble au premier abord, que plus on favorisera la rencontre de l'oxigène et du carbone, plus la décarburation marchera rapidement, moins on aura de chances de pouvoir expulser le soufre et le phosphore ; et l'on sait combien la présence de ces métalloïdes est préjudiciable à la qualité du fer.

Dans les procédés actuellement en usage on parvient, jusqu'à un certain point, à améliorer les conditions de traitement des fontes sulfureuses et phosphoreuses, en retardant autant que possible la décarburation ; on diminue à cet effet les proportions de scories, on les supprime même tout à fait, et on les remplace par le carbonate de chaux. On peut alors oxider plus fortement, quitte à les réduire ensuite par leur mélange avec la masse carburée, les parties de métal où, par suite des différences de densité et de fusibilité, ont pu venir se grouper, pendant la fusion, les plus fortes proportions de sulfures et de phosphures ; l'adresse et l'intelligence de l'ouvrier peuvent dans ce cas être utilement employées, quoique cela ne laisse pas que d'être assez dispendieux.

Dans le procédé Bessemer, au contraire, nous verrons que, loin de pouvoir retarder l'affinage, il est de la plus haute importance de le précipiter ; que l'introduction d'agents chimiques étrangers n'est pas sans inconvénients, et que l'opération ne comporte, en elle-même, aucune main-d'œuvre à l'intérieur du vase réducteur ; il n'y a donc de ressource à espérer que celle que peut offrir une température excessive, jointe à l'excellence du mode de réaction. Nous avons déjà vu que, pour le silicium, la mobilité atomique n'est réellement bien développée qu'à l'état de fluidité, et que c'est à cela qu'on doit sans doute attribuer la grande supériorité du procédé Bessemer, quant à l'expulsion de cette matière ; nous avons vu aussi que le soufre et le phosphore, comme en général toutes les substances étrangères, sont beaucoup plus utilement attaquées par l'oxigène de l'air, que par celui des scories ; il y a donc tout lieu d'espérer que dans un procédé, qui, sous tant de rapports, réunit des conditions si parfaites, on parviendra tôt ou tard à corriger les fers vicieux au moins aussi bien que dans les anciennes méthodes ; et aussi longtemps que l'expérience ne se sera pas plus fortement prononcée, tant du moins qu'on n'aura pas vaincu d'abord les difficultés d'exécution pratique, on ne devra point proscrire à l'avance et d'une manière absolue, l'emploi des fontes sulfureuses et phosphoreuses.

Au surplus, les fers peuvent retenir de faibles quantités de soufre ou de phosphore, sans pour cela être absolument inférieurs ; lorsque les fontes en contiennent trop, on peut les corriger par des mélanges, ou mieux encore en modifiant le traitement de leurs minerais au haut-fourneau.

Quoi qu'il en soit, nous admettrons volontiers, surtout en vue d'expériences, que les fontes fines supérieures exemptes de soufre et de phosphore, ou tout au moins n'en contenant que de faibles traces, sont indispensables pour obtenir des résultats tout à fait satisfaisants. Mais nous ne pensons pas que la réussite du procédé Bessemer dépende uniquement de la composition chimique des fontes ; nous croyons intimement que les conditions physiques qui régissent l'opération elle-même exercent une influence majeure sur son exécution pratique.

Il était du reste, hâtons-nous de le dire en passant, tout naturel de supposer à priori que les fontes les plus pures devaient être les plus propres à donner de bons résultats ; car c'est ce qui a lieu dans presque tous les procédés ordinaires ; aussi doit-on penser que Bessemer, ainsi que les autres expérimentateurs, n'aura pas tardé à recourir aux fontes pures pour apprécier la valeur de la nouvelle méthode d'affinage. Cependant les bons résultats se sont fait longtemps attendre, et l'on n'indique pas encore, à l'heure qu'il est, de règle sûre pour les obtenir.

Il est pourtant facile de reconnaître aujourd'hui, d'après certains indices qu'on retrouve dans tous les documents publiés, que la rapidité de marche de l'opération est peut-être la condition essentielle ou indispensable du procédé.

Il faut en effet, et c'est là selon nous le point capital, que le volume d'air nécessaire à la réaction traverse le bain métallique dans le plus court espace de temps possible, qu'il soit divisé de manière à se répartir le plus complétement, et en même temps, dans toute la masse liquide ; car, de ces deux conditions réunies dépend la possibilité de réaliser l'élévation de température qu'il est nécessaire que le métal atteigne pour que l'opération puisse être conduite à bonne fin.

L'élévation de température est uniquement due ici au calorique développé par les réactions chimiques, soit par la combustion du carbone et du silicium, par l'oxidation du fer et des substances qui passent en scories, et par l'oxidation préalable qu'il faut admettre pour concevoir la décarburation.

Ces diverses réactions sont capables de développer beaucoup de chaleur ; mais il est clair que le calorique engendré n'est pas absorbé seulement et uniquement par le métal, mais bien aussi par la matière de l'appareil, par les gaz qui s'échappent de son col, et par celles des réactions chimiques qui empruntent du calorique au lieu d'en engendrer.

Or, il va sans dire que la quantité de calorique ainsi perdue, ou dérobée au métal, est proportionnelle à la quantité d'air employée, au temps que dure l'opération ; que le volume et la masse relative de l'appareil doivent avoir une influence eu égard à la puissance d'absorption et à la perte due au rayonnement, et enfin que les réactions absorbantes doivent être réduites, ou écartées autant qu'il est possible.

Si, en raison des causes de déperdition que nous indiquons ci-dessus, le calorique ne peut être emmagasiné et retenu par le métal en quantité suffisante, celui-ci ne doit pas tarder à s'épaissir au fur et à mesure qu'il s'appauvrit en carbone ; l'air ne s'y mélange plus intimement ; il se fraie néanmoins un passage par des cheminées qu'il ouvre dans la masse épaissie. La mobilité du carbone n'est plus suffisante pour permettre à ce composant d'affluer avec diligence là où se produit l'oxidation préliminaire de la réduction, et comme, en fin de compte, il faut faire la coulée avant que le métal soit tout à fait pris, on n'obtient qu'un affinage incomplet, qu'une masse fonteuse hétérogène difficile à couler, qui retient emprisonnées les scories et les bulles de gaz, dont, en raison de son manque de fluidité, elle n'a pu se séparer.

On réalise, en un mot, toutes les conditions d'un mauvais

2

puddlage, sans pouvoir comme au four à puddler, y remédier par un vigoureux coup de feu, ou par un brassage énergique.

Si, au contraire, le soufflage est fait avec assez de puissance et de rapidité, le métal peut emmagasiner et retenir plus de calorique, parce que l'appareil n'a pas le temps d'en absorber ou rayonner autant ; si avec cela l'air est convenablement divisé, il se brûle plus complétement, le volume à injecter peut en être réduit, les gaz qui résultent de sa combustion emportent par conséquent de leur côté moins de calorique, et son oxigène fait plus de besogne utile, sans oxider outre mesure le fer qui s'offre à son contact.

La conséquence de tout cela est une élévation toujours croissante de la température, qui, maintenant en toutes circonstances le bain métallique dans un parfait état de fluidité, donne une activité encore plus grande aux réactions, et permet à l'affinage de s'achever dans les meilleures conditions. Enfin au moment de la coulée, le métal conserve assez de cette fluidité pour qu'il puisse se séparer des scories et bulles de gaz, un instant mélangées par le bouillonnement, et lorsqu'il est coulé dans les moules, ou dans les lingotières, les masses obtenues ont pu prendre des formes variées en restant compactes, rigoureusement saines, homogènes et purifiées.

On ne manquera pas d'objecter que les réactions chimiques, dans le procédé Bessemer, sont les mêmes que dans les autres procédés où elles n'élèvent cependant pas sensiblement la température. C'est en effet toujours l'oxigène qui est le réactif essentiel, et c'est sa combustion qui engendre le calorique ; mais il ne faut pas perdre de vue que, dans les procédés ordinaires, l'oxigène n'est pas seulement fourni par l'air, mais aussi et en plus grande partie par les oxides métalliques et les crasses ou scories qu'on fait intervenir comme agents de réduction. Sous cette forme l'oxigène est déjà combiné ; il ne se sépare qu'à la faveur d'une double décomposition qui, au lieu d'engendrer du calorique, en

absorbé ; une fois isolé, il en rend, à la vérité, immédiatement
après, par sa combinaison avec le carbone; mais il se peut qu'il en
rende moins qu'il n'en a pris, et, en tous cas, la lenteur de marche des opérations favorise des déperditions que le combustible
des grilles ne suffit pas à combler.

On observe d'ailleurs quand on puddle certaines fontes blanches que, dès que le métal entre en fusion et que la réaction commence, la température augmente rapidement et se maintient un
certain temps, sans qu'on puisse en attribuer la cause au chauffage
de la grille du four. Cela tient évidemment à ce que, dans cette
fonte blanche qui entre en fusion à une température peu élevée,
le carbone a une tendance très-vive à s'en séparer, par cette raison toute simple que son degré de saturation est plus fort que ne
le comporte sa température de fusion ; il en résulte qu'au commencement, la réduction étant extraordinairement favorisée, elle
marche avec une rapidité extrême que justifie du reste parfaitement la propension de l'oxigène à envahir le métal ; et, malgré
les causes de déperdition, le calorique engendré par la réaction
de l'oxigène libre avide de pénétrer sur le carbone empressé de
sortir, est suffisamment abondant pour que le métal puisse en
retenir un instant une certaine quantité.

Cette circonstance démontre de la manière la plus évidente la
possibilité d'une élévation de température sans que la combustion
du fer en soit la condition nécessaire. Et si maintenant on réfléchit que, dans le procédé Bessemer, tout l'oxigène introduit arrive
à l'état libre ; que toutes ses combinaisons directes engendrent par
conséquent du calorique ; que, si l'oxide préalablement formé en
absorbe à son tour, il ne peut en reprendre que juste ce qu'il en
a donné ; on concevra que la température générale de la masse
pourra être élevée sans le secours d'aucun combustible quelconque,
pourvu que les réactions marchent avec assez de rapidité.

On peut rendre plus saisissante encore l'importance du rôle que

doit jouer la rapidité de marche de l'opération, en faisant intervenir quelques chiffres. On sait que la fonte grise est en fusion
à 1100 ou 1200°; que le fer n'entre lui-même en fusion qu'entre
1500 et 1600°; pour l'amener à une fluidité convenable, il faut
peut-être élever sa température à 1800 ou 2000 degrés. Si donc
l'opération était conduite de manière à n'obtenir au moment de
la coulée qu'une température maxima de 1500 à 1600°, on rencon-
trerait inévitablement tous les inconvénients que nous avons
signalés.

Il peut même arriver que cette température de 1500 à 1600
degrés, qui est absolument nécessaire pour la coulée, n'ait pas été
atteinte pendant la réaction, qu'on y soit arrivé cependant un peu
plus tard par la combustion du fer; dans ce cas, le produit pourrait
être un peu moins mauvais, mais le déchet serait excessif.

Tel ne doit pas être le but; il importe que l'opération soit bien
conduite dès le commencement; la rapidité d'exécution et la
division de l'air sont donc des conditions nécessaires pour assurer
une élévation de température suffisante.

Or la chaleur spécifique du fer est environ . . . . 0,11.
Celle de la fonte . . . . 0,15.

Moyenne . . . 0,42.

Il suffit donc de 12 unités de chaleur, en moyenne, pour élever
d'un degré la température de 100 k. de métal. Si l'élévation de
température nécessaire pour obtenir la fluidité requise est de 600°
par exemple, il faudra 7200 calories pour cent kilogrammes de
métal; soit à peu près ce que peut donner la combustion de un
kilogramme de carbone se transformant en acide carbonique, ou
trois kilogrammes de carbone se transformant en oxide de carbone. Mais le succès ou l'insuccès de l'opération pourront dépendre de ce que le métal aura pu emmagasiner et retenir le tiers
ou le quart de cette quantité, en plus ou en moins; soit l'équivalent
du calorique que peut donner une fraction de kilogramme de car-

bone transformé en un mélange des deux gaz produits par sa combustion.

Si l'on rapproche ces données, purement hypothétiques du reste quant aux chiffres, des ressources calorifiques de la réaction, on se convaincra de la possibilité de réussir à élever convenablement la température du métal, mais c'est à la condition de ne rien laisser perdre, car tout le calorique n'est pas employé exclusivement à chauffer ce dernier ; quelle que soit la durée de la réaction, l'appareil absorbe et rayonne, et les gaz en emportent une forte quantité.

La fonte peut contenir jusqu'à 5, 5 p. 0/0 de carbone et 3, 5 p. 0/0 de silicium ; donc la combustion représente déjà beaucoup plus de calorique qu'il n'en faut pour chauffer le métal ; la formation de l'oxide des scories et les petites réactions secondaires peuvent en donner aussi de notables quantités ; en sorte qu'on peut dire que la quantité de chaleur à faire retenir au métal n'est en réalité qu'une fraction de la chaleur totale qui peut être engendrée par les réactions chimiques ; on voit donc qu'il n'est pas du tout nécessaire de brûler du fer comme combustible pour en fournir assez. Seulement il faut probablement n'employer que des fontes capables de procurer ce calorique par leurs composants autres que le fer, si l'on ne veut pas s'exposer à de trop forts déchets ; or, certaines fontes ne contiennent que fort peu de silicium ou autres métaux terreux ; d'autres n'ont que 2 à 5 p. 0/0 de carbone ; enfin, parmi les fontes les plus pures, il en est qui ne renferment que de très-faibles quantités de l'un, le minimum de l'autre ; ce sont en outre précisément celles qui offrent par leur composition le moins d'éléments pour la formation des scories. Il y a donc lieu avant toute chose de tenir compte de la composition chimique, non pas seulement eu égard aux impuretés nuisibles à la qualité du produit, mais encore eu égard à la teneur en composants combustibles.

Il sera, du reste, toujours facile, en remontant aux opérations de production de la fonte, de préparer cette dernière de manière à ce qu'elle contienne en suffisantes quantités les agents utiles de la génération de chaleur; et rien ne s'opposera à ce qu'on puisse prendre en même temps les mesures les plus favorables pour la débarrasser, autant qu'il sera possible, des substances nuisibles disposées à résister à la nouvelle méthode d'affinage.

Ne connaissant point la composition chimique des fontes employées par Bessemer dans ses diverses expériences, il nous est impossible d'apprécier jusqu'à quel point l'insuffisance de composants combustibles autres que le fer a pu influer sur les résultats successivement obtenus jusqu'à ce jour; mais si, d'après ce qui est rapporté, les proportions de déchets ont pu s'élever à 40 p. 0/0 et au delà, alors qu'on ne parvenait qu'à grande peine à faire de très-médiocres produits, tandis que les échantillons remarquables présentés depuis ont été obtenus avec un déchet réduit de moitié, il y a tout lieu de croire que la composition chimique n'a joué qu'un rôle secondaire dans la question; on peut au moins tirer de l'expérience des faits cette induction, que les déchets disproportionnés et les résultats médiocres comme qualité sont bien plutôt la conséquence des imperfections physiques qui ont présidé dans l'origine à la conduite des opérations.

Si les expériences avaient toujours été aussi bien exécutées qu'elles l'ont été en dernier lieu, on aurait au moins décarburé la fonte, on l'aurait aussi purgée de son silicium et des autres métaux terreux qui ne se combinent pas avec le fer, et la qualité finale des produits se serait caractérisée d'une manière plus positive, si elle n'avait été influencée que par la présence du soufre ou du phosphore.

Au surplus, rien ne justifie la nécessité de consumer 50 p. 0/0 de matière deplus qu'il n'est nécessaire pour l'épuration du métal et l'élévation de la température; toutes les objections qui pourraient être faites à cet égard tombent devant ce fait, qu'on a pu parvenir à d'excellents résultats avec 20 p. 0/0 de déchet total.

Quoi qu'il en soit, si l'on évalue, par analogie avec ce qui a lieu dans les meilleurs procédés d'affinage, le déchet attribué à la teneur en carbone et silicium, et aux oxides des scories, à 8 ou 10 p. 0/0, quantité qui, ainsi que nous l'avons démontré, est déjà plus que suffisante pour procurer le calorique indispensable, il y aurait, même dans les meilleures expériences de Bessemer, un excédant de 10 p. 0/0 de fer réellement brûlé sans aucun profit. On observe, en effet, que pendant toute la durée de l'affinage une forte déperdition se manifeste par une gerbe d'étincelles qui remplit le courant des gaz, et s'épanouit au dehors de l'appareil. C'est là sans doute un inconvénient majeur, qui résulte de la violence de l'insufflation ; mais il est à remarquer que les parcelles de fer ainsi entraînées et brûlées par le courant des gaz ne cèdent point de calorique au métal, puisqu'elles se consument au dehors ; leur combustion n'est donc pas nécessaire pour concourir à l'élévation de température. Quant à celles qui retombent dans le bain, leur influence doit surtout être pernicieuse en ce qu'elles viennent augmenter à la surface la scorification de l'enduit intérieur de l'appareil ; ou, si elles se mélangent de nouveau à la fonte, elles lui dérobent, pour opérer leur réduction, un calorique qu'elles ne lui avaient pas préalablement donné.

Il serait donc très-désirable qu'on parvînt à diminuer ce déchet qui n'est pas utile. On y parviendra bien certainement, si l'on cherche à réduire la quantité d'air à injecter à ce qui est rigoureusement nécessaire pour opérer la réduction du métal. Pour y arriver, il suffira de diviser l'air en un plus grand nombre de jets répartis uniformément dans toute la masse, et de régler la hauteur de la colonne liquide de manière à ce qu'il ait le temps de se brûler plus complétement avant d'arriver à la surface. Sa pression initiale devra être en raison de cette hauteur, mais il est probable que plus l'air sera divisé en petits jets, moins cette hauteur et cette pression auront besoin d'être grandes, parce que pour un même volume la vitesse de circulation pourra être réduite.

On concevra parfaitement que, si le volume d'air qui doit traverser la fonte le plus rapidement possible est introduit par une seule ou par un petit nombre de buses, il lui faudra une pression initiale notablement supérieure à celle correspondant à la hauteur de la colonne liquide, parce que, s'il en était autrement, pour peu que l'orifice des buses fût grand, le métal aurait une tendance à couler au travers. Il résulterait de l'excès de pression qu'il faudrait nécessairement donner à l'air pour fermer tout accès à la fonte liquide, qu'il traverserait le bain avec plus de vitesse, qu'il serait moins disposé à se diviser en bulles, ou que ces bulles d'un plus grand volume et animées d'une plus grande vitesse d'ascension ne pourraient se brûler convenablement. En outre, lorsqu'elles viendraient crever à la surface, elles conserveraient une grande puissance d'entraînement relativement aux parcelles de fer qui trouveraient d'ailleurs à s'y brûler complétement dans l'excès d'oxigène non utilisé.

Si au contraire les buses sont petites, mais en plus grand nombre, afin de pouvoir débiter autant d'air dans le même temps, la pression initiale pourra n'être que juste suffisante pour permettre à celui-ci de s'introduire dans le vase; abandonné dès ce moment à lui-même, il se divisera en une infinité de petites bulles qui circuleront avec la vitesse due à leur différence de densité; elles pourront se brûler intégralement dans leur passage à travers la masse liquide, et, arrivées à la surface, elles n'auront point cette force d'entraînement qui emporte les parcelles de fer.

Tout semble donc se lier dans cette condition de la plus grande division possible de l'air, son moindre volume, sa pression initiale minima, et par suite la moindre quantité de calorique emportée par les gaz, le minimum de déchet provoqué par la force d'entraînement et la faculté oxidante qu'ils peuvent conserver après leur circulation dans la fonte liquide, enfin la possibilité d'abréger la durée des opérations, et d'élever progressivement la température sans autre calorique que celui qui est engendré par les réactions utiles.

Au reste, l'expérience a déjà confirmé en grande partie la vérité de ces principes : on était arrivé à insuffler l'air par un petit nombre de buses sous une pression initiale de 80ᶜ de mercure; on a pu, plus tard, en portant ce nombre à 20, réduire la pression de moitié.

La durée des opérations, qui était dans le commencement de 25 à 30 minutes, lorsqu'on n'opérait que sur de faibles quantités de fonte, est aujourd'hui de 10 à 12 minutes pour produire du fer, de 7 à 8 minutes pour produire de l'acier; et on traite à la fois des quantités de métal beaucoup plus importantes.

Nous pensons avoir suffisamment démontré que l'élévation de température est indispensable, qu'elle peut s'obtenir sans qu'il soit nécessaire de brûler du fer, et nous avons établi que la division de l'air et la célérité de la réaction sont les conditions essentielles à réaliser pour que le métal puisse emmagasiner plus de calorique qu'il n'en peut perdre pendant le même temps; mais ce n'est pas tout. Nous avons dit que la masse et la forme de l'appareil devaient exercer une certaine influence; elles demandent par conséquent à être étudiées. Il est certain que si la masse est considérable par rapport à la capacité, l'absorption relative de calorique sera plus forte; il doit convenir par conséquent d'opérer sur de grandes quantités de fonte à la fois, et de donner à l'appareil une forme extérieure telle que, pour une épaisseur d'enduit reconnue nécessaire, on en réduise le plus possible la masse. La forme extérieure est d'ailleurs commandée par la né-

cessité de laisser le moins de prise au rayonnement ; à cet égard
la forme ovoïdale, adoptée en dernier lieu par Bessemer, est
rationnelle, car elle se rapproche, comme on a très-bien su le remarquer, de celle des retortes employées en chimie pour les dis-
tillations.

La quantité d'air à introduire dans le bain dépendra, de son
côté, comme nous l'avons déjà vu, de la composition chimique
des fontes et de la manière plus ou moins parfaite dont il aura
pu se brûler ; il y a là évidemment une étude à faire qui permettra en même temps de régler l'épaisseur du bain de fonte à traverser ; si cette épaisseur pouvait être telle, que l'air extrèmement
divisé pût s'y brûler complétement avant d'arriver à la surface,
les gaz produits seraient de l'azote et de l'oxide de carbone qui,
n'étant pas oxidants, ne seraient plus à craindre ; mais, si l'on
réussit à réaliser cette condition au commencement, lorsque le
carbone et les autres composants à oxider sont abondants, il est
douteux qu'on puisse y parvenir avec autant de succès vers la fin
de l'opération.

Au reste, la nature oxidante que les gaz peuvent avoir con-
servée après leur circulation dans le métal n'est à craindre qu'en
raison de leur puissance d'entraînement, à cause de l'oxidation
exagérée à laquelle cette double circonstance peut donner lieu.
Si, par contre, on parvient à réduire ou empêcher l'entraînement
des parcelles de fer, il pourra y avoir avantage, dans l'intérêt de
la production de chaleur, à régler l'insufflation de manière à former plutôt de l'acide carbonique.

Quant à la possibilité de doser rigoureusement la quantité d'air
ou d'oxigène, en vue d'obtenir un produit déterminé comme acier,
il ne faut pas y songer ; car on ne parviendrait jamais à connaître
d'une manière suffisamment exacte la composition des fontes qui
ne peuvent être considérées comme produits homogènes ; si
d'ailleurs l'air ne se brûle qu'inégalement, comment arriver à le

mesurer! L'ouvrier sera sous ce rapport beaucoup mieux dirigé
par l'inspection de la flamme ou par sa propre expérience; et, il
faut l'espérer, la grande habitude qu'on acquiert lorsqu'on s'attache à une spécialité suppléera à l'inpuissance des données
théoriques.

Tout ce qui peut contribuer à provoquer un refroidissement,
ou à une absorption de calorique capable d'empêcher ou de retarder l'élévation de température, devra être évité avec le plus
grand soin. Il faut cependant admettre en principe qu'une certaine proportion de scories sera nécessaire pour que les corps
étrangers puissent être évacués après l'oxidation; mais, selon
toutes probabilités, les éléments existeront toujours en suffisante
quantité dans la fonte; il est à craindre aussi que l'enduit réfractaire ne soit que trop disposé à en donner.

On a essayé d'introduire, en même temps que l'air, des oxides
naturels riches et purs, réduits en poussière, ou d'en répandre
dans l'intérieur du vase réducteur avant l'arrivée de la fonte; ces
tentatives, qui avaient pour but de hâter la réaction, n'ont pas eu
et ne pouvaient avoir de succès, parce que la réduction de ces
oxides absorbait du calorique et augmentait la proportion des
scories. La vapeur d'eau, l'acide carbonique, qui dans certains
cas pourraient agir comme agents réducteurs, présentent, ainsi
que tous les gaz combinés en général, les mêmes inconvénients.
On a cherché enfin à tapisser de ferrailles brûlées les parois inté-
rieures de l'appareil, comme cela se pratique pour les fours à
puddler; cela n'a pas mieux réussi, et pour les mêmes raisons.

Aucun réactif ne peut remplacer l'air; parce que ce dernier,
tout en produisant le calorique nécessaire, l'engendre dans la
masse du bain et opère en même temps le brassage le plus parfait
qu'il soit possible d'espérer. On ne devra donc recourir à d'autres agents s'il y a intérêt à le faire, comme par exemple pour
préserver l'enduit réfractaire, pour corriger dans certains cas la

nature vicieuse des fontes ou pour tirer parti de scories et oxides riches inutilisés, qu'autant qu'on sera parvenu auparavant à assurer en toutes circonstances les moyens d'élever suffisamment la température.

Tous les efforts devront donc se tourner de ce côté; il est essentiel de n'aborder la question que muni de machines soufflantes puissantes, d'appareils bien combinés; et, pour peu qu'on dispose de fonte de bonne qualité, il nous semble presque impossible qu'on n'arrive pas très-promptement à des résultats pratiques satisfaisants.

Nous ne mettons pas en doute non plus que, si l'on parvenait à développer le maximum de température dans un espace de temps très-court, on chaufferait assez le bain métallique pour que celui-ci pût se maintenir avec toutes les conditions de fluidité convenables dans un vase dont les parois, soit en fonte, soit en fer, convenablement rafraîchies, dispenseraient de l'enduit réfractaire intérieur.

On supprimerait par cela-même un double inconvénient, celui de l'emploi d'une matière qui, par sa scorification, augmente le déchet du fer, et par sa valeur représente une dépense stérile.

Quant à la nature de fonte à préférer, nous pensons qu'à part la question de pureté chimique, que nous avons déjà discutée, les fontes grises et riches en carbone devront être recherchées, parce que ce sont celles qui, entrant en fusion à la température la plus élevée, permettent d'introduire le métal dans le vase réducteur à la température initiale la plus forte, en sorte que la distance qui reste à franchir pour arriver à la plus grande fluidité du fer réduit en est d'autant diminuée.

La plus grande teneur en carbone contribuera le mieux de son côté à une forte production de chaleur.

Ces fontes sont à la vérité les plus siliceuses; elles donneront pour cette raison plus de déchet, mais le silicium n'est pas à craindre dans l'affinage de la fonte à l'état liquide, et loin de nuire, il procurera, par sa combustion, du calorique qui sera utilement employé.

Au reste, en conseillant l'emploi des fontes grises fortement carburées, qu'il sera toujours facile de produire en réglant en conséquence l'allure des hauts-fourneaux, nous n'avons en vue que d'indiquer les conditions qui nous paraissent le plus propres à faire obtenir promptement de bons résultats; il est fort possible que, si l'on parvient à développer plus rapidement le maximum de température, on pourra traiter avec non moins de succès les fontes blanches et les fontes peu carburées.

Il faut remarquer relativement au déchet, que, si le procédé Bessemer en donne un peu plus qu'un puddlage bien ordonné, le fer produit est pur, homogène, sans pailles ni soufflures; les manipulations par lesquelles il devra passer ultérieurement, pour recevoir sa forme définitive, n'exigeront par conséquent plus de ressuages intenses, comme c'est le cas pour les fers affinés au charbon de bois et les fers puddlés. La facilité avec laquelle on pourra couler de forts lingots permettra aussi de supprimer les corroyages, qui occasionnent toujours un déchet considérable.

La proportion du déchet d'affinage pourra d'ailleurs, dans le plus grand nombre des circonstances, être sensiblement diminuée, si on ne s'astreint pas à achever trop complétement la réduction. Les fers fibreux ou à nerf, dits fers câbles, n'ont que des applications obligatoires assez restreintes dans l'industrie; la plupart des bons fers sont appelés à recevoir un travail de forge et à repasser, par conséquent, au feu. Il y a tout bénéfice alors à les choisir légèrement carburés, parce qu'ils en deviennent plus tendres à chaud, se soudent avec plus de facilité, résistent mieux à l'oxidation du chauffage et sont moins sujets à se brûler.

L'action des chaudes ayant pour effet de consumer le carbone, ils finissent par acquérir par le travail tout le nerf qu'on peut désirer. La présence du carbone exalte d'ailleurs la résistance absolue du fer et lui donne plus d'élasticité.

En ne poussant pas l'affinage jusqu'à la complète décarburation, on évitera tout le déchet qui se produit dans la période la plus délicate de l'opération, celle où, les dernières traces de carbone étant sur le point d'abandonner le métal, l'oxigène commence à l'envahir et à faire ses ravages.

Au surplus, l'opportunité d'une décarburation plus ou moins grande dépendra nécessairement de la qualité des fontes d'affinage; il est tout naturel de penser que toutes celles qui pourront être avantageusement traitées pour acier le seront de préférence, et, si l'acier coûte moins que le fer, il est probable qu'il se substituera volontiers à lui dans bien des emplois, où il pourra rendre des services supérieurs.

Quant à la qualité des produits obtenus par le procédé Bessemer, on ne saurait contester aujourd'hui la possibilité d'affiner complétement la fonte, c'est-à-dire la débarrasser intégralement de son carbone. La réaction se faisant avec le concours de la fluidité, le silicium suivra la fortune du carbone, ces deux composants obligés de la fonte abandonneront ensemble, et pour ainsi dire se donnant la main, le fer soumis à l'action de l'oxigène.

Si donc la fonte est fine, si elle ne contient pas de matières nuisibles, le produit en fer sera pur et de première qualité.

Il n'en sera pas tout à fait de même lorsqu'il s'agira de produire de l'acier; car, tant que le métal retiendra du carbone, il n'aura pu abandonner tout son silicium, et il en conservera une quantité proportionnelle au carbone retenu. Or, le silicium a le tort de détruire plus ou moins le corps du métal, et particulièrement le corps de l'acier; son influence est surtout nuisible dans les aciers vifs destinés à la trempe.

« La condition essentielle à rechercher dans les fontes fines à traiter pour aciers supérieurs sera donc de choisir, parmi les fontes grises riches en carbone, celles qui seront les moins siliceuses. A ce titre, les fontes supérieures de Suède conserveront encore leur vieille réputation, et c'est sans doute avec quelqu'une de ces excellentes fontes, qu'on aura pu produire les échantillons d'aciers supérieurs qui, selon ce qui en a été dit par le colonel Eardly Wilmot à la suite des expériences de l'arsenal de Woolwich, ont pu soutenir la comparaison des meilleurs aciers d'Angleterre.

Peut-être y avait-il dans cette appréciation trop de partialité ; toujours est-il que, malgré les avantages du procédé Bessemer, la méthode la plus rationnelle pour produire des aciers vraiment supérieurs consistera toujours à préparer d'abord un fer pur, et à le cémenter après, afin que le produit final ne soit qu'un *fer pur carburé*. Mais cette condition n'exclut pas la participation du procédé à la production des aciers supérieurs, puisqu'il offre le meilleur moyen de préparer des fers rigoureusement purs ; seulement son concours devra se borner à la préparation du fer, et l'on devra continuer à se servir des méthodes en usage pour la transformation en acier.

Au reste notre opinion, sur ce point important de la question des aciers supérieurs, est basée sur l'idée que nous avons, que le silicium ne quitte la fonte liquide qu'en même temps que le carbone ; le mémoire de Bessemer exprime l'avis que le départ du silicium précède celui du carbone ; il faudrait pour que cela pût avoir lieu que l'affinité pour l'oxigène fût plus grande pour l'un que pour l'autre, ce qui est dans les choses possibles ; le silicium ne se rencontre jamais à l'état libre isolé, ce qui prouve sa grande affinité pour l'oxigène. Si l'on ne parvient pas à l'expulser complétement dans les procédés ordinaires, lorsqu'il existe en fortes proportions dans les fontes d'affinage, cela tient, comme nous l'avons déjà dit, à ce qu'il n'est pas doué d'une mobilité atomique suffisante quand le métal qui le contient est solidifié ; c'est toujours le cas vers la fin des opérations ; il se pourrait donc bien, la fluidité persistant jusqu'à la fin, que le silicium se montrât plus disposé à disparaitre ; c'est ce que l'expérience et l'analyse chimique nous apprendront plus sûrement que tous les raisonnements.

Mais une difficulté plus sérieuse se présentera pour l'acier, dès qu'il s'agira d'une production manufacturière. Le classement de ce produit ne se fait pas seulement à raison des différences de qualités propres à la matière, mais encore sous le rapport des divers degrés de dureté réclamés par les emplois industriels. Or si l'on réfléchit que le maximum de saturation en carbone correspondant aux aciers les plus vifs excède à peine 2 p. 0/0 ; que les aciers les plus doux en retiennent au moins 0,5 ; qu'entre ces deux limites extrêmes les besoins de l'industrie exigent quatre ou cinq degrés intermédiaires, on concevra combien sera délicate la question de classement ou d'appropriation des produits très-variés, que l'opération Bessemer pourra indistinctement donner. Les méthodes actuelles laissent déjà beaucoup à désirer sous ce rapport, mais, si la cémentation est inégale, ou la corrige facilement par le corroyage ou par la fusion en creusets ; la fusion directe du fer avec addition de charbon donne encore plus sûrement des produits égaux, parce qu'on peut doser exactement les charges des composants. Il est donc possible de fabriquer à la demande un acier déterminé.

Dans la méthode Bessemer, il y a, pour ainsi-dire, impossibilité absolue d'obtenir à coup sûr ce qu'on voudrait, car le point de départ est une fonte qui n'est point homogène, dont on ne peut connaitre rigoureusement d'avance la composition, un air qui selon toutes probabilités ne pourra jamais être intégralement brûlé. On ne doit donc point espérer obtenir des produits réguliers. On pourra, il est vrai, les classer après le coulage des lingots, par

Une troisième machine de ce même système, n° 118, rendue mixte, et dont l'échappement à valves avait été abaissé de 0,25 sur la position primitive, a donné les résultats suivants :

Machine N° 115 à échappement abaissé à valves (fig. 5).

DATES	N° des trains	Nombre de wagons	Désignation kilométrique	Vitesse	Pression dans la chaudière	Diamètre de sortie	Contrepression en m/m de mercure, échappement		Dépression en m/m d'eau dans la boîte à fumée		OBSERVATIONS
							Moyenne	Maximum	Moyenne	Maximum	
25 août	66	14	28 à 21	38	6.3	Valv.	26	115	80	120	
Id.	78	15	Id.	38	6.3		34	80	74	100	
19 Id.	62	19	Id.	37	6.6		45	115	91	120	
26 Id.	72	19	Id.	38	6.3		41	95	101	120	
2 sep.	62	20	Id.	41	6.4		64	135	100	140	
Moyenne	»	17.5	»	38.4	6.4	»	44	108	89	120	

La machine n° 118 a fait du 1er août au 30 octobre 15,553 kilomètres, en consommant 91,270 kilog. de combustible, soit : 6 k. 7 par kilomètre.

La machine n° 88 a fait en même temps 14,055 kilomètres, en consommant 98,300 kilog. de combustible, soit : 7 kilog. par kilomètre.

La machine n° 115 a fait 8,598 kilomètres, en consommant 73,401 kilog. de combustible, soit : 8 k. 7. Toutes les machines de ce système attachées au dépôt de La Chapelle ont parcouru pendant le même temps 78,082 kilomètres, en consommant 581,090 kilog. de combustible, soit : 7 k. 4 par kilomètre.

Il y a donc une économie sensible dans le service de la machine n° 118, et une grande facilité de la marche par suite de la pression maintenue constamment au maximum des soupapes réglées à 7 atmosphères.

La production de vapeur est sensiblement augmentée dans la machine n° 115, par l'abaissement du tuyau de sortie, la section du passage d'air au bas de la cheminée se trouvant dégagée et agrandie.

La combustion n'est cependant pas aussi énergique pour les mêmes contrepressions que dans la machine n° 118, et il reste en outre les inconvénients des valves dont nous avons parlé.

M. Beugniot, ingénieur des ateliers de construction de M. A. Kœchlin, à Mulhouse, a déjà, depuis quelques années, abaissé ces tuyaux à toutes les machines fournies au chemin de fer de l'Est et de la Méditerranée. Il en a obtenu une amélioration considérable dans l'énergie de la combustion.

Au chemin de fer de la Méditerranée, on a voulu éviter les inconvénients de l'emploi des valves, en adoptant un système d'échappement d'une disposition particulière, représenté sur la figure n° 4.

Ce système doit produire des effets énergiques sur la combustion ; mais il est difficile et souvent impossible à appliquer à toutes les machines existantes.

Il présente quelques complications dans les transmissions de mouvement aux soupapes qui font varier les sections de passage de vapeur.

Nous n'hésitons pas à dire que, partout où la qualité de combustible peut être uniforme, un tuyau d'échappement à section fixe, convenablement déterminée, produira un tirage tout à fait suffisant pour un maximum de production de vapeur avec le minimum de contrepression.

Métallurgie du fer

étude sur les théories actuelles

PAR

M. A LA SALLE

Chargé par M. le Président de la Société de résumer, dans une note condensée, les opinions qui ont été introduites dans la discussion sur le procédé Bessemer, par suite de publications récentes qui touchent aux théories de la métallurgie du fer, et particulièrement à celle de l'acier, nous avons cru devoir passer en revue les travaux les plus remarquables dont nous avons pu avoir connaissance, et les soumettre à une discussion comparative, afin d'en examiner, au point de vue pratique, le degré d'utilité.

Le peu de temps dont nous avons pu disposer entre deux séances ne nous a pas permis de donner à cette discussion tout le développement dont elle serait susceptible ; nous ne pouvions non plus, en raison de notre incompétence, suivre la question sur le terrain purement scientifique ; nous avons dû nous borner à l'analyser au point de vue de son intérêt pratique, c'est-à-dire des services que l'industrie peut immédiatement en retirer.

Les théories, basées le plus souvent sur des hypothèses que l'insuffisance de nos connaissances ne permet pas de vérifier, n'ont de réel mérite aux yeux des praticiens qu'autant qu'elles leur offrent des moyens de perfectionner leur industrie, et de les guider plus sûrement dans leurs recherches expérimentales.

Celles qui expliquent le plus grand nombre de faits sont à cet égard les plus recommandables, parce qu'elles peuvent faire espérer qu'elles en feront découvrir d'autres, et qu'on pourra en tirer profit. Les travaux uniquement scientifiques qui ne reposent que sur des expériences de laboratoire bien même qu'ils seraient mieux dans la voie de la réalité, peuvent quelquefois, au point de vue pratique, égarer les questions industrielles, surtout lorsque le problème n'a pas été étudié sous toutes ses faces, et qu'on n'a pu encore en coordonner les déductions ou les exposer méthodiquement, sous forme de lois générales s'appliquant indistinctement à tous les cas d'un même sujet.

Nous n'entendons aucunement faire de la critique ; nous professons la plus grande admiration pour l'habileté que témoignent les savantes recherches dont on se préoccupe à si juste titre en ce moment ; nous n'avons en vue, nous le répétons, que l'utilité pratique, préférant, comme praticien, une théorie hypothétique qui explique des faits, et en fait découvrir d'autres, aux données uniquement scientifiques, fussent-elles rigoureusement exactes, quand ces dernières se présentent trop incomplètes pour faire avancer les questions, ou trop obscures pour ne pas risquer de les faire reculer.

Nous n'avons pas besoin d'ajouter que les opinions émises dans cette étude nous sont entièrement personnelles et n'engagent par conséquent en aucune manière l'avis de la Société des ingénieurs civils. Au surplus, on retrouvera dans les résumés de nos séances les opinions des divers membres qui ont pris part aux discussions, tant sur les publications récentes, que sur notre propre travail qui a été lu dans la séance du 5 mars, et dont le but essentiel est de poser la question, de réunir des documents utiles et de provoquer la discussion.

Jusqu'à ces derniers temps, les métallurgistes admettaient

généralement que les divers produits, fers, aciers et fontes, considérés dans leur état de pureté, c'est-à-dire abstraction faite des substances nuisibles qui altèrent accidentellement leur qualité, ne différaient entre eux, et dans leurs aspects variés, que par les proportions de carbone qui entrent dans leur composition, et par la manière dont ce dernier corps est contenu dans le métal.

Chacun reconnaît que le carbone peut s'unir au fer en toutes proportions, jusqu'à un maximum qui n'est infranchissable qu'en raison de ce que nos moyens d'élever la température sont bornés.

Les limites de proportions qui correspondent aux trois natures de produits ne peuvent s'établir d'une manière rigoureuse, parce qu'il n'y a réellement pas entre eux de démarcation bien tranchée; et l'on peut dire qu'eu égard à la composition chimique les trois classes de composés se confondent dans une échelle de progression continue, qui emprunte à d'autres caractères généraux les dénominations usitées dans le commerce et l'industrie.

Ainsi l'acier diffère du fer par sa faculté de durcir à la trempe, et il se distingue de la fonte par sa ductilité.

La faculté de durcir est proportionnelle à la quantité du carbone contenu ; elle se retrouve à un très-haut degré dans la fonte, elle est déjà sensible dans les fers légèrement carburés ; il est donc certain que cette propriété est due à une forme particulière du carbone dans le fer. Mais la fonte n'étant jamais rigoureusement pure, elle ne peut, sous ce rapport, rendre les mêmes services, parce que les impuretés, en détruisant le corps du métal, le rendent fragile ; ces impuretés jointes aux proportions plus élevées de carbone augmentent d'ailleurs considérablement sa fusibilité, et lui ôtent par suite toute soudabilité et ductilité.

On peut donc dire, en thèse générale et en suivant l'échelle de carburation, que tout produit par en fer carburé ne sera digne du nom d'acier, qu'autant qu'il sera susceptible de prendre, par la trempe, un durcissement capable d'être utilement employé dans les arts, et qu'il cessera de le mériter lorsqu'on ne pourra plus l'amener, par le forgeage, aux formes réclamées par les besoins de l'emploi.

L'acier doit sa grande supériorité sur les métaux de la même famille à ce qu'on le prépare pur, et à ce qu'occupant le milieu de l'échelle il participe à la fois des meilleures propriétés du fer et de la fonte ; il emprunte à l'un la ductilité, la soudabilité, la tenacité, à l'autre la dureté, la fusibilité, etc. ; de la réunion de ces qualités, il en naît d'autres telles que l'élasticité, le tranchant, le poli, etc. qui s'y développent au plus haut degré.

Si l'on examine maintenant les proportions de carbone qui correspondent à ces délimitations commerciales, on trouve qu'elles sont assez exactement comprises dans les chiffres ci-après :

1° Pour les fers de   0   à 0,25 0/0.
2° Pour les aciers de   0,5 à 2,50 0/0.
3° Pour les fontes de   2   à 5,50 0/0.

Mais cette échelle de proportions n'apprend rien quant aux diverses formes sous lesquelles le carbone se présente dans le fer. L'acier offre la plus grande analogie de composition avec le fer aciéreux et la fonte blanche rendue grise et douce par le grillage ; la constitution des fontes grises paraît être indépendante des proportions de carbone ; elle est toute différente de celle des fontes blanches qui en contiennent autant ; ces dernières, par contre, se rapprochent infiniment de la nature des aciers trempés, quoique la composition n'en soit pas la même ; enfin, les fontes grises durcissent à la trempe, et elles blanchissent lorsque, étant liquéfiées, elles sont soumises à un prompt refroidissement.

Ces apparentes anomalies, qui paraissent tenir à des conditions physiques peu étudiées, avaient, faute d'explication plus satisfaisante, fait penser que le carbone pouvait s'unir au fer de trois manières différentes, savoir :

1° A l'état de carbone libre ou graphite,

2° Combiné avec toute la masse du fer,

3° Enfin, à l'état de polycarbure dissous dans toute la masse.

On était arrivé ainsi à considérer les fers aciéreux, et l'acier non trempé comme contenant le carbone à l'état de carbure dissous dans un excès de métal ; les aciers trempés et les fontes blanches comme contenant le carbone, en proportions variables à la vérité, mais toujours combiné de la manière la plus homogène avec toute la masse du métal ; les fontes grises comme contenant le carbone, partie à l'état de carbure dissous, partie à l'état de graphite mélangé ; enfin, les variétés intermédiaires comme étant des mélanges des types principaux.

Dans cette théorie, qui ne tient aucun compte des effets physiques de la trempe, et qui n'attribue à cette dernière qu'une action purement chimique de transformation, on a dû fortement se préoccuper de la nécessité d'admettre ce fait anormal d'une combinaison pouvant exister en toutes proportions quelconques ; mais elle procure des explications plausibles à quelques-uns des principaux phénomènes de la métallurgie, et, faute de mieux, il a bien fallu s'en contenter.

Durant ces dernières années, l'un de nos collègues, M. Jullien, a publié dans nos Bulletins divers mémoires qui tendent à modifier considérablement ces anciennes données théoriques, et il vient, enfin, de faire paraître un traité complet de la métallurgie du fer.

La nouvelle théorie de M. Jullien repose entièrement sur ce

principe : que les composés de carbone et de fer, qui ont été envisagés jusqu'à ce jour comme étant des combinaisons, ne doivent être considérés que comme de *simples dissolutions* ou alliages des deux corps.

M. Jullien démontre l'exactitude de ce principe, en s'appuyant sur les caractères généraux qui distinguent les combinaisons des dissolutions.

Ces caractères sont les suivants :

1° *Quand il y a combinaison :* les composants sont en proportions constantes et exactes ; les propriétés physiques et chimiques du composé diffèrent essentiellement de celles des composants ; la décomposition par réaction chimique ou de la pile n'a lieu que successivement, si le réactif est soluble dans ce composé ; s'il est insoluble, que là où il y a contact atomique entre le réactif et le composé ;

2° *Quand il y a dissolution :* les composants peuvent être en toutes proportions au-dessous d'un maximum de saturation ; les propriétés physiques et chimiques du composé participent de celles des composants ; la décomposition par réaction chimique ou de la pile a lieu et se transmet simultanément dans toute la masse, s'il y a seulement un contact superficiel entre le réactif et le composé.

Si, maintenant, on examine les divers produits, fers, aciers et fontes, eu égard aux proportions variables de carbone qui les distinguent les uns des autres, on est bien forcé de reconnaître .

1° Que le fer s'allie au carbone en toutes proportions depuis les fers doux et forts, qui n'en contiennent que de très-faibles quantités, jusqu'aux fontes les plus carburées qui en retiennent jusqu'à 5 et 6 p. 0/0.

2° Que, malgré leurs proportions infiniment variées de carbone, les diverses natures de fers, d'aciers et de fontes conservent, quant à leurs propriétés physiques, telles que la fusibilité, la malléabilité, la ténacité, la ductilité, la dureté, l'élasticité, la couleur, les propriétés magnétiques, etc., etc., une analogie et un air de famille qui ne laissent aucun doute sur leur similitude; que les différences de caractères suivent d'une manière régulière et intime la progression des proportions du carbone contenu ; et qu'il faut passer d'une extrémité de l'échelle à l'autre pour constater des oppositions bien tranchées.

Il en est absolument de même quant aux propriétés chimiques, les mêmes réactions agissent sur les uns et sur les autres; aucun ne se dérobe à une action chimique qui ne laisserait pas insensibles certains d'entre eux.

3° Enfin il suffit de considérer que, dans la cémentation des fers carburés, aciers et fontes, dans les oxides métalliques, la réduction s'opère à travers la masse solide quand bien même le réactif ne l'attaque qu'à la surface, pour être certain que la décomposition a lieu sans qu'il y ait contact atomique avec toutes les parties du composé.

Si, maintenant, on veut bien passer en revue les divers types de la famille des fers, aciers et fontes, on reconnaîtra que le carbone y existe sous deux formes que le principe de la dissolution justifie parfaitement.

Dans la cémentation du fer par le charbon de bois, la proportion de carbone absorbée par le métal devient d'autant plus grande que la température est plus élevée, et est maintenue plus longtemps par rapport à l'épaisseur du fer ; on obtient successivement du fer fort, de l'acier doux et dur à tous les degrés, et enfin de la fonte si la température est suffisante pour mettre en fusion le produit déjà carburé. Il y a donc pour chaque température un maximum de saturation proportionnelle. Si, alors, la fonte a pu absorber, pendant qu'elle était liquide et que sa température continuait à croître, un excès de carbone, elle doit chercher plus tard, en se refroidissant, à s'en débarrasser pour n'en retenir que la proportion qui correspond à la température de sa solidification. C'est en effet ce qui arrive lorsque le refroidissement s'effectue avec assez de lenteur pour que la séparation puisse avoir lieu ; dans ce cas, l'excès de carbone s'isole à l'état de graphite qui reste intercalé entre les molécules de la fonte ; la proportion de l'excédant dissous est d'autant moindre que la solidification a pu s'effectuer à une température plus basse, et la fonte est d'autant plus grise qu'elle contient moins de carbone dissous et plus de graphite intercalé.

Si, au contraire, le refroidissement a lieu brusquement, le graphite n'a pas le temps de se séparer ; il reste forcément dissous, mais dans des conditions anormales qu'il cherchera à détruire dès qu'il y sera favorisé par une nouvelle fusion.

On conçoit d'après cela comment on parvient à transformer la nature des fontes sans changer leur composition ; on comprend pourquoi les unes sont plus fusibles que les autres ; pourquoi elles conservent plus ou moins longtemps cette fusibilité ; et on arrive à expliquer d'une manière satisfaisante la plupart des phénomènes de la métallurgie.

Au reste les anciens métallurgistes étaient arrivés par la force des choses à admettre, comme nous l'avons déjà vu, que, dans le plus grand nombre des cas, la proportion de carbone qu'ils considéraient comme combinée pouvait l'être sous forme de carbure, dissous à proportions constantes et exactes dans un excès de fer ; ils admettaient donc le principe de la dissolution solidifiée, et la nouvelle théorie de M. Jullien ne diffère de cette manière de voir qu'en ce qu'elle établit que c'est le carbone pur qui est dissous et non un carbure de fer.

Pour démontrer ce dernier point, M. Jullien fait tout simplement remarquer que si le composant dissous était un carbure, le dépôt que fait la fonte, en se solidifiant lentement, devrait être ce carbure et non du carbone pur à l'état de graphite. Cela paraît logique, car on ne saurait comprendre comment un simple refroidissement lent décomposerait un carbure, qui peut se former indistinctement à des températures inférieures ou plus élevées que celles de solidification des fontes grises.

Quant à la forme particulière affectée par le carbone dans l'acier trempé et dans la fonte blanche, qui a fait croire aux anciens métallurgistes à la possibilité d'une combinaison en toutes proportions, M. Jullien l'explique par les phénomènes de la trempe, qui, selon lui, n'ont pas d'autre conséquence que de déterminer ou empêcher, dans des circonstances différentes les unes des autres, la cristallisation des corps. M. Jullien a remarqué à ce sujet, qu'en général les métaux qui, comme le soufre, sont doués d'un pouvoir rayonnant très-faible ne peuvent cristalliser qu'à la condition d'être maintenus pendant un certain temps à une température voisine de la fusion, ou, tout au moins, d'être soumis à un lent refroidissement; qu'au contraire les corps, dont le pouvoir rayonnant est très-fort, comme c'est le cas pour le verre par exemple, cristallisent d'autant plus facilement, qu'ils sont exposés à un refroidissement plus rapide.

Il en conclut que le fer, dont le pouvoir rayonnant est très-faible, cristallise par anéantissement de son pouvoir émissif, et que le carbone, dont le pouvoir rayonnant est très-fort, doit cristalliser par exaltation du pouvoir émissif.

L'action se faisant sentir d'abord à la surface des corps, on peut conclure que : dans le premier cas, la cristallisation marchera du centre à la surface ; dans le second, de la surface au centre. Ce fait est connu pour le fer, et il semble démontré pour le carbone, par l'existence de graphite au centre de certains diamants, si on admet que, primitivement, ils aient été liquides. Si l'on se reporte maintenant à la trempe de l'acier, on reconnaîtra que, par le fait du refroidissement brusque, le fer doit se rapprocher le plus possible de l'état fibreux, c'est-à-dire de l'état qu'il affectait immédiatement auparavant, de l'état mou par conséquent ; le carbone au contraire cristallise, mais en procédant de la surface au centre ; si la pièce qu'on trempe est épaisse, elle ne peut se refroidir aussi rapidement à l'intérieur ; il en résulte que la trempe n'agit que sur une certaine épaisseur, qui sera d'autant plus grande que le carbone contenu sera plus abondant, et que le refroidissement aura été plus énergique.

La trempe de l'acier détermine donc à la surface des objets, et dans une épaisseur variable, la formation de cristaux de carbone disséminés dans le fer fibreux, c'est-à-dire qu'elle enchâsse le corps le plus dur connu, dans le corps le plus tenace. On peut, d'après cela, se faire une idée des immenses résultats qu'on peut obtenir de la trempe des aciers, et l'on s'explique les précieuses qualités qui en découlent, telles que l'élasticité, le tranchant, la dureté, le poli, etc., etc.

Pour la fonte, le phénomène est absolument le même ; si les résultats n'en sont pas aussi utiles, cela tient, comme nous l'avons déjà dit, à ce que les fontes ne sont jamais pures, qu'elles manquent par conséquent de corps et de solidité.

Dans la fonte blanche, la solidification ayant eu lieu à une température élevée, le métal a pu retenir à l'état de dissolution la totalité du carbone contenu, sans qu'aucune parcelle ait pu s'en séparer à l'état de graphite ; il résulte précisément de cette grande quantité de carbone dissous, qu'en raison du pouvoir rayonnant très-développé de ce dernier le refroidissement général de la masse en reçoit une grande énergie, et que le carbone cristallise intégralement dans toute la masse.

Dans la fonte grise la solidification a lieu à basse température ; la majeure partie du carbone a eu le temps de s'en séparer à l'état de graphite ; la quantité de carbone restée en dissolution est faible, la constitution de cette fonte ne se prête donc pas naturellement à un refroidissement énergique ; et, si aucune cause extérieure ne vient exalter ce refroidissement, le carbone né cristallise pas, il reste mou ou amorphe.

La fonte blanche rendue douce par grillage a subi artificiellement un lent refroidissement qui a ramené le carbone, devenu liquide pendant le grillage, à l'état mou ; mais, comme dans ce cas particulier il n'y a pas eu fusion du fer, il n'a pu se séparer du carbone à l'état de graphite ; par contre, si la fonte blanche, après avoir été ramenée à l'état de fusion, est soumise à un refroidissement lent, elle devient grise.

Le même état amorphe existe pour le carbone dans les aciers non trempés et dans les fers aciéreux ; et, en appliquant le principe de la trempe aux divers produits, on arrive à cette conclusion :

1° Que l'acier doux est une dissolution de carbone mou dans le fer ;

2° L'acier trempé et la fonte blanche sont des dissolutions de carbone cristallisé dans le fer mou ;

3° La fonte grise est un mélange de graphite et d'acier doux ;

4° La fonte grise trempée est un mélange de graphite et d'acier trempé, etc., etc.

Il serait trop long de reproduire ici tous les raisonnements qu'emploie M. Jullien pour la démonstration des nouveaux principes qu'il cherche à faire prévaloir ; nous ne pouvons, à cet égard, que renvoyer à son ouvrage ; mais nous en avons dit assez pour pouvoir conclure qu'il y a au moins de fortes raisons pour n'envisager les composés de fer et carbone que comme de simples dissolutions, puisqu'ils en accusent tous les caractères, tandis qu'ils ne présentent aucun de ceux des combinaisons. En outre, cette méthode se prête si favorablement à l'explication raisonnée des phénomènes généraux de la métallurgie, qu'il y a lieu de la recommander chaudement au sérieux examen des savants et des praticiens qui ont quelque intérêt à voir un peu clair dans la question.

Nous ne prétendons pas toutefois que les deux principes généraux, introduits par M. Jullien dans la théorie, savoir : le principe de la dissolution et celui de la trempe suffisent aujourd'hui pour jeter une lumière complète sur toutes les questions de la métallurgie. Certains faits inexpliqués attendent encore une solution satisfaisante. On sait, par exemple, que le soufre et d'autres substances poussent la fonte à blanchir en se solidifiant ; que le silicium et le phosphore ont une tendance à produire l'effet contraire ; et que la présence simultanée de plusieurs de ces corps peut produire des effets intermédiaires ; mais on ne se rend pas bien compte des lois physiques qui amènent ces conséquences.

M. Jullien nous dit bien, à la vérité, que le silicium, dont les propriétés chimiques se rapprochent du reste beaucoup, comme on le sait, de celles du carbone, se dissout dans le fer comme ce dernier corps, tandis que le soufre et le phosphore donnent lieu à de véritables combinaisons avec le métal ; il est naturel d'admettre, alors, que la simple dissolution doit céder le pas à la combinaison ; cela nous explique pourquoi les fontes sulfureuses et phosphoreuses se montrent disposées à se débarrasser des autres corps. Cependant le soufre a autant d'affinité pour le carbone que pour le fer ; il retient donc le premier dans la dissolution, et l'empêche de se séparer à l'état de graphite ; le phosphore, au contraire, n'ayant d'affinité que pour le fer et se montrant complétement indifférent pour le carbone et le silicium, tend cependant à les chasser de la dissolution en se substituant à eux, et le carbone se montre tout disposé à se séparer du fer à l'état de graphite.

Quand les quatre corps sont en présence, le phosphore doit, pour les mêmes raisons, l'emporter sur les autres; parce que son affinité se concentre exclusivement sur le fer, tandis que celle du soufre se partage, et hésite entre le fer et le carbone.

Les conséquences à tirer de tous ces faits sont que les fontes uniquement sulfureuses sont blanches et peu siliceuses, que les fontes uniquement phosphoreuses sont grises; que les fontes ne contenant ni phosphore ni soufre peuvent être indifféremment peu ou très-siliceuses, selon les circonstances dans lesquelles elles ont été produites; leur nature physique doit dépendre des proportions des composants dissous et des conditions de trempe ou de refroidissement dans lesquelles elles se sont trouvées lors de leur solidification. On conçoit, du reste, que si la fonte doit sa fusibilité au carbone, elle doit être d'autant plus fusible qu'elle est plus carburée, et que, si la saturation en carbone est proportionnelle à la température, sa solidification doit avoir lieu à une température d'autant plus basse que la saturation a eu lieu à une température plus élevée; la fonte pure, c'est-à-dire celle qui ne contient ni soufre ni phosphore et qui ne retient que peu ou point de silicium, doit être d'autant plus grise que la teneur en carbone est plus considérable, d'autant plus grise, par conséquent, qu'elle a été produite à plus haute température. On comprend aussi comment un refroidissement accidentel ou artificiel peut blanchir même les fontes fortement carburées; on s'explique par conséquent la formation des fontes blanches par surcharge de minerais, ou par allure froide du fourneau, le blanchîment de la fonte dans la préparation du fin-métal, et l'on parvient à se rendre assez exactement compte de la formation des types variés de produits qu'on rencontre dans les traitements métallurgiques.

Dans les fers, la présence des substances étrangères s'accuse par l'apparence de la texture. Le nerf est l'indice d'un fer très-affiné, c'est-à-dire presque complétement décarburé; il est blanc mat et long lorsque le fer est pur, et lorsque, bien entendu, il a pu se refroidir assez promptement pour ne pas cristalliser, c'est l'état fibreux par excellence; la trempe le développe dans ce cas au plus haut degré. Le nerf devient brillant, tire sur le bleu et se raccourcit au fur et à mesure que les proportions de carbone augmentent; il disparaît complétement lorsque le fer est suffisamment carburé. Dans ce cas, la cassure présente un grain fin et crochu; c'est le caractère des bons fers forts et des aciers; ces derniers ne se distinguent plus que par la finesse qui augmente, et par la couleur qui tire de plus en plus au bleu à mesure que la proportion de carbone augmente. Un nerf blanc et brillant est l'indice d'un fer légèrement phosphoreux; lorsque les proportions de phosphore augmentent, la cassure du fer prend un grain à larges facettes cristallines qui subsistent même après l'étirage. Enfin le nerf terne, tirant sur le noir, est toujours court; il est l'indice des fers sulfureux.

Il est reconnu, en outre, que le phosphore augmente beaucoup la fusibilité du fer, ce qui le rend tendre, quoique très-malléable à chaud. M. Jullien pense que cela tient à ce que le phosphure de fer est fusible à une température d'autant plus basse qu'il est à l'état de dissolution dans la masse du fer; mais comme il est toujours cristallisé quand il est solide, il rend les fers cassants à froid; il est remarquable que les fers phosphoreux sont encore malléables à une température qui permet de les toucher avec la main sans se brûler, et que, dès qu'ils sont froids, ils reprennent toute leur fragilité.

Le sulfure de fer n'étant pas cristallisé à l'état solide, il ne peut nuire beaucoup à froid; mais lorsqu'il se liquéfie dans le fer à haute température, il rend ce dernier également tendre, et lui fait perdre toute consistance entre le rouge brun et le rouge blanc ; il redevient malléable au-delà du rouge blanc, mais il détermine des criques pendant le forgeage lorsqu'on le travaille entre les températures ci-dessus indiquées ; et cela d'autant plus que la proportion de soufre est plus considérable ; il est donc permis de supposer que cette fragilité peut provenir d'un changement d'état physique du sulfure dissous.

Quant au silicium, il ne manifeste sa présence qu'en raccourcissant le nerf, comme le fait le carbone ; mais il agit comme impureté intercalée en enlevant du corps au métal.

La présence du silicium est surtout nuisible dans les aciers, parce que le corps est leur qualité la plus essentielle ; le soufre en petite quantité peut produire un effet semblable, mais il n'est pas autrement pernicieux que dans le fer ; il l'est peut-être moins comparativement, parce qu'il a toujours une tendance à se combiner avec le carbone, ce qui neutralise en partie ses mauvais effets. Enfin le phosphore est particulièrement nuisible aux aciers, en ce qu'outre l'extrême fragilité qu'il communique à froid il expulse le carbone aux températures élevées, et enlève par conséquent au métal toute persistance aciéreuse.

On voit donc, en somme, que la théorie de M. Jullien rend assez bien compte des causes et des effets ; mais il est constant qu'en dehors des influences physiques et de l'action de la température, la formation des composés de fer et carbone se fait avec infiniment plus d'énergie dans certains cas que dans d'autres ; que, notamment, les phénomènes de la cémentation ne sont pas suffisamment expliqués ; il faut croire alors qu'il existe des causes inconnues que la science devra nous révéler un jour.

Il y a, d'ailleurs, dans ce phénomène si extraordinaire de la cémentation un fait que la raison a peine à comprendre, c'est celui de la pénétration d'une masse métallique solide par un autre corps solide, infusible aux plus hautes températures connues, et auquel il faut cependant attribuer la faculté de se dissoudre par le simple contact, sous l'action d'une température modérée.

Si l'on ne s'explique pas le fait, on ne peut toutefois le révoquer en doute ; la fluidité du carbone est évidente dans la fonte liquide, elle paraît démontrée dans le fer solide porté au rouge, par les modifications que subit ce métalloïde quand il se transforme en graphite, et quand ce dernier se dissipe dans le métal liquéfié, ou dans la fonte grise solide maintenue pendant un certain temps à l'abri du contact de l'air à une température élevée.

C'est à ce résultat étrange de la pénétration du carbone dans le fer, que M. Jullien a donné le nom de *dissolution*, parce qu'il en présente tous les caractères ; cette dénomination se fera sans doute difficilement admettre tant que le phénomène restera inexpliqué. Peut-être eût-il mieux valu assimiler les composés de carbone et de fer à ceux qu'on désigne sous le nom d'alliages, quoique ce terme ne s'applique qu'aux composés que forment les métaux entre eux. Les alliages présentent la plus grande analogie de caractères avec les dissolutions ; il n'y a, à proprement parler, de différence que dans le nom et dans l'application ; mais, la plupart des chimistes regardent les alliages comme des composés dans lesquels les métaux se *combinent* entre eux en toutes proportions, et dont les propriétés physiques et chimiques peuvent s'écarter beaucoup des lois que présentent les combinaisons des autres corps simples. Il y aurait donc avantage et convenance, pour ne pas trop heurter les idées reçues, à ranger les aciers et les fontes dans la même catégorie ; d'autant plus qu'à certains égards, quand le carbone affecte la forme graphiteuse par exemple, on pourrait presque le considérer comme un métal.

Les caractères généraux de l'alliage s'appliquent du reste

parfaitement aux composés de carbone et de fer; ils sont so-
lides; leur densité peut être tantôt plus grande, tantôt plus
faible que la densité moyenne de leurs composants; ils sont
généralement plus durs, moins ductiles, plus aigres, que les
métaux les plus ductiles qui entrent dans leur composition,
leurs caractères physiques se rapprochent volontiers de ceux
du métal qui prédomine, et ils participent cependant de ceux
des autres métaux qui entrent dans leur constitution; la fusibilité est toujours plus grande que celle du composant le plus
réfractaire; dans la solidification par un refroidissement lent,
il peut y avoir des séparations partielles; enfin, quand l'un des
métaux est beaucoup plus facile à oxider que l'autre, on peut
arriver à l'isoler en chauffant convenablement, comme quand
il s'agit, par exemple, de séparer le plomb de l'argent.

Au surplus, l'alliage n'est pas autre chose qu'une dissolution
solidifiée; il ne faut donc que s'habituer au terme, et on en
appréciera bien vite toute l'importance.

Quant à l'explication de la trempe, pour la concevoir il faut
nécessairement admettre que, lorsque l'acier est porté au
rouge cerise, le carbone est devenu liquide; car sans cela on
ne pourrait bien comprendre la cristallisation rapide qu'éprouve
ce dernier par un refroidissement énergique. Mais nous avons
précisément dans les alliages de métaux des exemples qui
prouvent que l'un des composants peut être liquide, tandis que
l'autre reste solide; on sait, par exemple, que c'est le cas
dans le bronze des canons, puisqu'on parvient à en séparer
l'étain par suintement à travers la masse poreuse du cuivre
solide, en le chauffant seulement à une température supérieure
à celle de fusion du métal à éliminer. L'étamage nous présente
aussi un exemple frappant de la pénétration d'un métal solide
par un métal liquide; ce phénomène présente, quant au résultat,
la plus grande analogie avec celui de la cémentation du fer par

le carbone; et on sait qu'on peut même obtenir la pénétration complète et à cœur d'un métal par l'autre, en se plaçant dans des conditions convenables.

Le bronze, contrairement à l'acier, reste mou quand on le trempe rouge dans l'eau froide; cela tient évidemment à ce que l'étain qui est, immédiatement avant la trempe, à l'état liquide dans le cuivre solide, n'a pas le temps de cristalliser avant sa complète solidification, parce que la congélation est venue le surprendre trop tôt; il obéit en cela à la loi qui régit tous les métaux, mais on sait qu'il est cependant très-disposé à cristalliser; il suffit donc de laisser refroidir lentement la masse dans laquelle il n'occupe qu'une proportion relativement faible; et, comme sa température de fusion est plus basse que celle du cuivre, il a tout le temps de se transformer, tandis que le cuivre est resté mou, parce qu'il lui faut beaucoup plus de temps pour cristalliser.

La cristallisation du carbone dans la trempe de l'acier exclut l'idée de combinaison de ce corps avec le fer, mais ce qu'on admettra pour le bronze, on pourra sans doute l'admettre aussi pour l'acier, et l'on peut dire que, si les alliages sont des combinaisons, ils n'ont, en tous cas, aucune fixité, et qu'ils ne détruisent point d'une manière absolue les facultés propres ou privées de leurs composants.

On trouve, d'ailleurs, des exemples trop frappants de la détermination de l'état mou dans la trempe du soufre, et de la cristallisation instantanée dans les larmes bataviques produites par la trempe du verre liquide, pour qu'il soit nécessaire d'insister davantage sur ce point important de la question.

Durant ces derniers temps, M. Frémy a présenté à l'Académie des Sciences divers mémoires qui tendraient à modifier profondément les idées reçues, et qui pourraient fournir de nouveaux éléments pour l'élucubration d'une théorie plus complète et plus positive, si les recherches auxquelles cet éminent chimiste se livre encore, à l'heure qu'il est, viennent confirmer les faits signalés dans ses premières communications.

M. Frémy ne pense pas que le fer, l'acier et la fonte soient liés entre eux par les rapports de composition qu'on admet généralement, et que l'acier soit simplement une combinaison de fer et de carbone moins carburée que celle qui constitue la fonte. Sans vouloir nier d'une manière absolue l'influence que la quantité de carbone exerce sur les propriétés de l'acier et sur celles de la fonte, M. Frémy cherche néanmoins à démontrer que plusieurs autres métalloïdes peuvent en modifier aussi, d'une manière profonde, les caractères ; que ces corps ne se trouvent pas d'une manière accidentelle dans ces composés, et que toutes les incertitudes que présente particulièrement la fabrication de l'acier tiennent peut-être à cette action des corps étrangers, qui jusqu'à présent a été peu étudiée.

Relativement à l'azote qui, selon lui, jouerait un rôle considérable dans la question, M. Frémy rappelle qu'il y a plus de trente ans M. Despretz a démontré que, sous l'influence d'une température rouge, le fer décompose le gaz ammoniac, fixe l'azote, devient blanc et cassant, et éprouve une augmentation de poids qui peut aller jusqu'à 11,5 0/0 du poids du métal. Ce corps, soumis à l'action des acides, produit un sel de fer et un composé ammoniacal.

M. Frémy a tenu, avant toute chose, à vérifier l'exactitude de l'expérience précitée, en éliminant toutes les causes d'erreur qui pouvaient provenir de l'impureté du gaz ammoniac et de la présence de l'humidité des gaz ; il déclare que tous ses essais sont venus confirmer, de la manière la plus complète, le travail de M. Despretz. Il pense avoir démontré en outre, par des expériences concluantes, que le corps qui se produit dans l'action du gaz ammoniac sur le fer est réellement de l'azoture de fer et non de l'amidure; il ne contient pas d'hydrogène.

M. Frémy a constaté que l'azote pur et le cyanogène ne donnent que des réactions lentes et incomplètes. Il en conclut que l'azote ne se combine que très-difficilement avec le fer préparé par les procédés ordinaires de l'industrie, mais qu'il peut s'unir avec le métal lorsque ce dernier se trouve à l'état naissant.

Il a produit un azoture de fer identique à celui obtenu par la réaction du gaz ammoniac sur le fer chauffé au rouge, en décomposant le protochlorure de fer par le même gaz.

Cet azoture est facile à réduire en poudre, il est moins oxidable que le fer pur; il est attaqué très-lentement par l'acide azotique, et au contraire avec rapidité par les acides sulfurique et chlorydrique, et produit en se dissolvant des sels de fer et des sels ammoniacaux.

L'azoture de fer s'aimante facilement et d'une manière permanente, à la manière de l'acier; seulement cette propriété paraît moins développée que dans l'acier ordinaire. Il est remarquable par sa fixité, il supporte une chaleur rouge sans se décomposer, l'oxigène ne l'attaque qu'à une température élevée et le transforme en peroxide de fer.

L'azoture de fer chauffé dans une brasque de charbon se transforme en une masse métallique, présentant de l'analogie avec l'acier, et acquérant comme lui une grande dureté par l'action de la trempe; si l'azote est resté dans ce nouveau composé, il ne s'y trouve plus au même état que dans l'azoture de fer, car, lorsqu'on chauffe dans un courant d'hydrogène le produit cémenté, il ne se dégage pas de trace d'ammoniaque.

Suivant M. Frémy, l'azoture de fer contiendrait 9,5 p. 0/0 d'azote; cette composition correspondrait à la formule Fe^5Az. M. Despretz a trouvé une augmentation de poids de 11,5 p. 0/0; l'azoture formé dans ce cas serait représenté par Fe^4Az.

M. Frémy pense, du reste, que le fer peut s'unir à l'azote en plusieurs proportions, et il distingue, de l'azoture proprement dit, le fer azoté qui conserve en partie sa malléabilité, et ressemble à un véritable alliage.

Cette action de l'azote sur le fer, si nettement constatée par les expériences précitées, était de nature à faire penser que ce métalloïde pourrait bien avoir un rôle important dans la cémentation, d'autant plus qu'il est connu que les matières animales employées comme céments agissent avec plus d'énergie que le charbon pur.

Déjà auparavant, M. Caron, en cherchant à se rendre compte du phénomène de la cémentation, avait pensé que la combinaison du fer et du charbon ne pouvait avoir lieu que par l'intermédiaire d'un composé carburé gazeux, qui, pénétrant dans les pores du métal dilatés par la chaleur, y abandonnait son carbone. Pour s'en assurer, il fit passer dans un tube porté au rouge et contenant une barre de fer entourée de charbon concassé, successivement de l'hydrogène, de l'oxide de carbone, de l'azote, de l'air, de l'hydrogène carboné pur, etc., il n'obtint, après deux heures de feu, aucune cémentation, si ce n'est quelquefois, à de rares endroits, une légère cémentation superficielle, qui, selon lui, pouvait être attribuée à l'impureté du charbon ou du gaz.

Au contraire, lorsqu'il fit passer du gaz ammoniac sec, la cémentation fut rapide et belle sur une profondeur de 2 m/m. Ayant supprimé plus tard le charbon, M. Caron fit emploi de cyanure d'ammonium à l'état de gaz pur et sec, et obtint exactement le même résultat. D'après cela, il crut pouvoir conclure que la cémentation avait été produite par le cyanure d'ammonium qui, en cédant son carbone au fer, donne naissance à l'acier. Il arriva à des résultats à peu près identiques dans des essais de cémentation par les cyanures de potassium, de sodium, barium et strontium, etc. Il fit passer, par exemple, sur le fer, en contact de charbon imbibé d'une dissolution peu concentrée de carbonate de potasse, un courant d'air sec, qui forme du cyanure de potassium sensiblement volatil au rouge, et il obtint une cémentation magnifique et profonde de 2 m/m.

M. Caron en tire cette conclusion que, pour obtenir une cémentation rapide et profonde, il faut favoriser, au milieu du charbon qui entoure le fer, la formation de cyanures alcalins.

M. Frémy, va plus loin, il pense pouvoir démontrer que l'acier n'est point un simple carbure de fer, qu'il existe une série d'aciers résultant de la combinaison du fer avec des métalloïdes, des métaux, et même des corps cyanurés; et enfin, que l'azote n'a pas seulement pour effet de présenter au fer le carbone, sous une forme qui favorise sa pénétration, mais qu'il reste uni à ce dernier, et peut donner lieu à une combinaison complexe avec le métal.

Il n'existe pas, selon lui, d'expérience rigoureuse démontrant que l'acier est une combinaison de carbone pur et de fer ; de faibles proportions de corps étrangers, que l'analyse ne constate pas toujours, peuvent modifier les propriétés du fer. On n'a pas tenu compte, dans l'étude des phénomènes de la cémentation et de la fusion de l'acier, de l'influence des gaz qui ont pu pénétrer à travers les appareils, ni de l'action des éléments de l'air qui ne sont pas absorbés par le charbon, ni enfin des substances qui peuvent être contenues dans le charbon lui-même.

M. Frémy rappelle à cette occasion que l'acier, en se dissolvant dans les acides, laisse un résidu qui ne ressemble en rien à du carbone pur, et qui, par ses propriétés et sa composition, se rapproche beaucoup de certains produits cyanurés.

Pour déterminer la constitution véritable de l'acier, et rechercher s'il n'existe pas une série de corps pouvant différer entre eux par leur composition, comme l'acier au tungstène diffère de l'acier au charbon, mais se rapprochant les uns des autres par certaines propriétés communes, M. Frémy se propose de soumettre le fer à l'action de tous les corps pouvant intervenir dans le phénomène de la cémentation.

Pour le moment, il a reconnu que, lorsqu'on fait passer pendant deux heures à une température rouge du gaz d'éclairage desséché sur du fer, on obtient une carburation très-régulière et on convertit le métal en une fonte grise, graphiteuse, très-malléable et comparable, en tous points, aux plus belles fontes produites par le charbon de bois.

Si au lieu de fer pur on fait réagir le corps carburant sur un fer qui a été préalablement azoté, on voit alors apparaître dans le composé métallique les caractères de l'acier.

Si l'azotation n'a pas été poussée pendant un temps suffisant, le gaz de l'éclairage produit un corps qui est intermédiaire, en quelque sorte, entre la fonte et l'acier. Si, au contraire, le métal a éprouvé préalablement une azotation suffisante, le gaz de l'éclairage donne naissance à un acier d'un grain magnifique.

Lorsqu'au lieu de faire réagir successivement sur le métal l'azote et le carbone, on fait arriver sur le fer chauffé au rouge un mélange de gaz ammoniac et de gaz d'éclairage, on opère alors immédiatement une aciération qui varie avec les proportions relatives des deux gaz.

Il restait à rechercher si l'azote, qui lui paraît être un agent évident de cémentation, reste dans le composé métallique, ou s'il n'est destiné qu'à présenter au fer le carbone, dans un état favorable à la combinaison chimique. En chauffant dans l'hydrogène pur et sec l'acier produit, il a dégagé des quantités considérables de gaz ammoniac. Des aciers du commerce de Jackson, de Huntsmann et de Krupp, ont donné aussi, dans les mêmes circonstances, des quantités très-notables de ce gaz.

M. Frémy conclut, de tout ce qui précède, que l'acier, tel

que nous le connaissons dans les arts, n'est pas un carbure simple, mais un *azoto-carbure de fer.*

Il se propose du reste de poursuivre ses recherches et de les étendre, comme il l'a indiqué, aux autres substances qui peuvent se rencontrer dans les opérations métallurgiques.

Si l'on résume ici les faits saillants contenus dans les communications de M. Frémy, on trouve :

1° Que l'azote se combinerait avec le fer en toutes proportions, jusqu'à un maximum correspondant à une formule régulière, et que, lorsque les proportions en sont faibles, le fer simplement azoté prend l'aspect du fer brûlé, conserve en partie sa malléabilité et ressemble à un *véritable alliage;*

2° Que l'union du carbone et du fer constituerait simplement de la fonte, et que l'intervention de l'azote serait absolument nécessaire pour constituer le composé à l'état d'acier.

Nous ferons observer, à l'égard du premier point, que rien ne prouve que les composés d'azote et de fer soient réellement des combinaisons, et qu'ils présentent au contraire tous les caractères, qu'à propos des composés de carbone et de fer M. Jullien attribue aux dissolutions. Les proportions d'azote de 9,5 et 9,8 p. 0/0, que M. Frémy a trouvées dans les produits qu'il désigne sous le nom d'azotures, diffèrent des maximum trouvés par d'autres chimistes; M. Despretz et M. Regnault, entre autres, annoncent 11,5 et 12 à 15 p. 0/0.

Au surplus, M. Frémy assimile, lui-même, les fers simplement azotés à de véritables alliages; il se pourrait donc fort bien que les maximum trouvés ne fussent que des maximum de saturation proportionnels aux températures auxquelles ont été opérées les réactions.

En outre, il a été constaté que, dans certaines circonstances, le fer, soumis à l'action du gaz ammoniac, n'augmente pas de poids, et n'est modifié que dans ses propriétés physiques. Gay-

Lussac donnait à ce phénomène le nom d'action de présence, et Berzelius l'appelait phénomène catalytique; il ne s'accusait que par une sorte de déplacement ou de désagrégation des molécules du fer; sans doute la pénétration avait eu lieu, mais une cause quelconque avait dû immédiatement faire disparaître l'azote en laissant au métal sa porosité.

Quant au second point, une chose nous frappe, c'est qu'on ne paraît pas toujours attacher aux caractères distinctifs de l'acier toute l'importance qu'on leur accorde dans l'industrie, et nous en sommes à nous demander, si ce qu'on définit généralement sous le nom d'acier est bien conforme à ce que cela doit être; sans nul doute, pour quiconque ne voit dans ce produit qu'un alliage plus ou moins dur, caractérisé d'ailleurs par un grain magnifique, les expériences rapportées pourront paraître concluantes; mais il y a loin de là aux qualités qu'il est si essentiel de rencontrer dans l'acier. Nous avons défini, en commençant cette note, ce qu'on doit entendre industriellement par acier, nous n'y reviendrons donc pas; mais nous demanderons si l'on entend dire que l'intervention de l'azote est nécessaire pour donner au produit le corps, la faculté de durcir à la trempe et la persistance aciéreuse, c'est-à-dire pour fixer d'une manière invariable le carbone dans le fer, ou pour produire spécialement par lui-même des effets analogues à ceux que détermine le carbone dans tous les produits carburés. Il est hors de doute qu'on peut aciérer tous les fers, même les plus mauvais ; qu'on peut leur donner l'apparence d'un grain magnifique, et leur communiquer la plupart des propriétés générales dont jouit le type. Mais ce qu'on ne peut donner à tous les aciers, c'est ce qu'on appelle vulgairement le corps et la persistance aciéreuse. On savait déjà que la présence de certains métalloïdes est très-nuisible; que le soufre les rend rouverins, que le phosphore les rend cassants à froid, et tend à chasser le carbone, d'où il suit qu'ils se dénatu-

rent facilement sous l'influence des chaudes; qu'enfin le silicium et en général toutes espèces d'impuretés les rendent fragi-
les, ce qui leur ôte toute valeur. On savait que, pour produire de
bons aciers, il fallait employer des fers très-purs, que les fers
impurs, à teneur égale en carbone, donnaient des résultats
analogues à ce qu'on peut obtenir de certaines fontes, qui ne
paraissent inférieures qu'à raison des impuretés qu'elles
contiennent toujours, et qui sont la conséquence naturelle de
leur mode de production. Mais on ne savait pas que l'azote fût
l'agent indispensable pour constituer le produit carburé à l'état
d'acier; et l'on se demande encore, à l'heure qu'il est, comment
et en quoi ce corps exerce son action, quelles propriétés bien
définies il communique au fer carburé. Enfin est-il bien prouvé
que son intervention soit indispensable, et constitue réellement un composé nouveau qu'on puisse appeler en toute sécu-
rité un azoto-carbure de fer?

A cet égard nous ne pouvons nous empêcher de faire remarquer que les travaux mêmes de M. Frémy présentent des
contradictions au sujet desquelles il serait intéressant qu'il
s'expliquât.

Il nous dit en effet que l'azoture de fer chauffé dans une brasque de charbon devient acier et acquiert une grande dureté par
l'action de la trempe; si l'on chauffe plus tard cet acier dans un
courant d'hydrogène *il ne se dégage pas* d'ammoniaque; il en
conclut que si l'azote est resté dans ce nouveau composé, il ne
s'y trouve plus au même état que dans l'azoture de fer. Cependant, pour vérifier si l'acier qu'il obtient au moyen de l'ammoniaque et du gaz d'éclairage contient de l'azote, il soumet ce
produit à la même expérience, et il se dégage pendant toute la
durée de la réaction des quantités *considérables* d'ammoniaque.

La même vérification reproduite sur des aciers du commerce
donne aussi des quantités *très-notables* de ce gaz.

Faut-il conclure delà qu'il y ait eu combinaison dans le premier cas ou expulsion de l'azote par la cémentation dans la brasque ?

Faut-il conclure que dans les autres expériences l'hydrogène n'ait expulsé qu'un excès d'azote libre, resté en dissolution dans le métal ?

Marchand et d'autres expérimentateurs ont obtenu dans des circonstances analogues des résultats négatifs. Ces divergences font au moins regretter qu'il n'y ait pas eu de constatations quantitatives, car ce serait le seul moyen de fixer la question.

Lorsqu'un objet ou une barre d'acier ont été soumis pendant trop longtemps, au contact de l'air, à l'action d'une chaude un peu intense, le métal s'altère d'une manière fort sensible, son grain devient brillant, éclatant et grossier, il durcit mal à la trempe ; le grain, dans ce dernier cas, reste gros et brillant au lieu de devenir mat et serré ; enfin, il perd son corps, et accuse, en général, les défauts qu'on peut reprocher aux aciers impurs. Cet accident bien connu des ouvriers est qualifié par eux en disant que l'acier est brûlé. Il est évident qu'il ne peut être attribué qu'à la pénétration de l'un des deux gaz de l'air ou de l'air lui-même, car il ne se produit jamais lorsqu'on chauffe à l'abri de son contact ou lorsqu'on a soin de protéger la chaude au moyen d'un fondant qui recouvre le métal. Il y a peu de probabilité que ce soit l'air ou l'oxigène qui pénètrent ; car ce dernier se trouverait en présence du carbone qui lui barrerait le chemin, et le transformerait immédiatement en oxide de carbone qui brûlerait à la surface avant de pouvoir s'introduire dans la masse ; ce ne peut donc être que l'azote, nous l'avons du moins toujours pensé ainsi ; et nous devons faire remarquer ici qu'il ne communique à l'acier que de mauvaises qualités puisqu'il le détériore au point de le rendre tout à fait impropre au travail auquel il était destiné. Si l'objet est volumineux il suffit de le recuire pendant quelques heures en vase clos ou dans du poussier de charbon de bois. Si l'objet est petit ou mince, s'il s'agit d'un burin, par exemple, il suffit de le chauffer de nouveau au rouge cerise, et de le plonger pendant quelques instants dans un cément liquide composé par exemple de suif, d'huile de poisson et de résine, pour le faire revenir complétement et lui redonner sa première qualité ; les ouvriers prétendent même que l'outil en devient meilleur qu'il n'était avant l'accident. Il se peut que, dans cette opération de correction, la légère cémentation qui se produit au contact du cément liquide ait pour effet de chasser l'azote, ou d'en neutraliser l'effet par la formation d'un composé de carbone et d'azote, mais il en ressort ce fait, c'est que l'azote ne se combinait pas auparavant avec le carbone de l'acier, soit que ce carbone fût déjà saturé d'azote soit qu'il fût déjà dans le fer dans un état qui ne lui permît pas de se combiner au nouvel arrivant.

S'il y a réellement pénétration du gaz, cette circonstance prouverait que les aciers peuvent contenir accidentellement de l'azote libre, et qu'il doit être même assez difficile d'empêcher que, dans leur préparation, pendant qu'on les travaille au feu, ils n'en absorbent de petites quantités ; elle prouverait aussi que l'azote libre contenu dans l'acier, comme celui qui est contenu dans le fer azoté, altère la qualité du métal, le désagrége et le rend cassant ou fragile.

On n'aurait donc pas à s'étonner que l'analyse des aciers du commerce ait pu accuser la présence de petites quantités d'azote.

L'expérience apprend aussi qu'on peut corriger dans certains cas les aciers brûlés par de nouvelles chaudes suivies d'un bon forgeage ; ce qui semblerait indiquer qu'il suffirait de comprimer le métal pour en exprimer le gaz ; les ouvriers habiles ont soin de battre l'acier en parant longtemps les pièces soumises à la forge, ils pensent ainsi lui donner plus de corps.

Nous devons dire aussi que la même apparence et les mêmes conséquences se manifestent quand on trempe l'acier trop chaud; y aurait-il dans ce cas décomposition de l'azoto-carbure sous l'influence d'une température élevée ? Ou cet accident ne tient-il qu'à une modification moléculaire, à un commencement de cristallisation du fer ? C'est ce que nous ne saurions expliquer; nous nous bornerons donc à le signaler en passant.

Nous voulons examiner maintenant si l'intervention de l'azote est absolument nécessaire pour fixer le carbone dans le fer. M. Frémy nous apprend qu'il a obtenu un composé fortement carburé en faisant passer, sur un morceau de fer rouge, du gaz d'éclairage; la cémentation s'est dans ce cas opérée très-rapidement sans l'intervention du gaz ammoniac; dans les mêmes circonstances, mais avec l'hydrogène carboné pur, M. Caron n'a obtenu que peu ou pas d'effet.

Si l'on considère qu'à cette température le gaz de l'éclairage contient du carbone libre en suspension on peut s'expliquer la différence des résultats par le principe de la dissolution préconisé par M. Jullien. On conçoit en effet que le fer ne décompose pas au profit d'une simple dissolution l'hydrogène carboné pur qui est une combinaison, et qu'il puisse s'emparer au contraire du carbone libre contenu dans le gaz de l'éclairage; la rapidité de la cémentation peut s'expliquer d'ailleurs par ce fait, que ce carbone libre étant dans un état de division très-grand, il peut plus facilement pénétrer dans le métal que s'il était en grains ou en morceaux.

Voilà donc un cas bien constaté de carburation sans l'intervention de l'azote. Nous ajouterons qu'on transforme le fer en acier, en plongeant un fil de fer pendant quelques instants dans un bain de fonte liquide, ou en cémentant un barreau dans de la limaille de fonte; à moins d'admettre que les fontes ou les fers contiennent aussi bien de l'azote que l'acier, il ne peut y avoir non plus dans ces cas intervention de ce corps. On peut aussi transformer de l'acier très-dur en fonte grise en l'exposant à une chaleur très-intense, en le maintenant à l'état liquide pendant quelque temps, et en prolongeant la durée de sa congélation. Une fonte grise, grillée pendant un certain temps hors du contact de l'air, devient très-dure par la trempe, et devient très-douce, après un refroidissement lent; le grillage prolongé n'a pas eu d'autre effet que de cémenter la fonte au moyen du graphite intercalé, et de la rapprocher par conséquent de la constitution de l'acier.

Enfin nous rappellerons ici l'expérience de Clouet, qui, ayant enfermé un diamant dans l'intérieur d'une masse de fer très-pur, sans laisser aucun vide entre le contenant et le contenu, retira après un certain temps de feu un culot d'acier fondu dans lequel le diamant avait tenu lieu de charbon.

Quoique, dans les méthodes ordinaires de production de l'acier, on cherche par tous les moyens possibles à empêcher la pénétration de l'air à l'intérieur des appareils; et que, lorsqu'elle a lieu accidentellement, elle se manifeste toujours par une altération à laquelle on s'empresse de remédier, on ne peut, cependant, prétendre d'une manière absolue que l'azote ne puisse avoir aucun accès auprès du métal; les charbons peuvent en contenir, il n'est pas impossible que les fers en renferment, dans certains cas, de faibles quantités; enfin, les appareils ne sont jamais assez hermétiquement clos pour que de petites quantités d'air ne puissent y pénétrer. Mais si l'azoto-carbure est un produit défini, on peut se rendre compte des quantités d'azote qu'il doit retenir, et calculer, par conséquent, le volume de gaz correspondant. C'est ce qu'a fait M. Jullien dans l'exemple qu'il cite à l'encontre de la théorie de M. Frémy.

Qu'on prenne, dit-il, un creuset à fondre l'acier et qu'on y introduise :

20 kil., fer en morceaux,

400 grammes, charbon de bois en grains,

200 grammes, manganèse en poudre,

le creuset se trouve plein, et dès qu'on le met au feu, après l'avoir soigneusement fermé, le manganèse commence par dégager environ 25 grammes d'oxigène qui absorbent 19 grammes de carbone et forment 44 grammes d'oxide de carbone qui se dégage et entraîne avec lui le peu d'azote que peut contenir le creuset.

Quand le métal est fondu, tout le carbone introduit s'y trouve à l'état de dissolution; et, quand on découvre le creuset pour couler, il se dégage de ce dernier une bouffée de flamme bleue d'oxide de carbone, qui prouve que le milieu dans lequel le métal se trouve à ce moment n'est pas de l'azote.

Or si, comme le pense M. Frémy, le carbone s'est dissous dans le métal à l'état de cyanogène, il a dû absorber, pour 380 grammes de charbon qui ont pénétré dans le fer, 440 grammes d'azote, soit *trois cents litres* de ce gaz.

On se demande tout naturellement, comment on pourrait admettre qu'une pareille masse, qui correspond à un volume encore plus considérable d'air brûlé, aurait pu s'introduire à travers la masse vitrifiée et par conséquent nullement poreuse du creuset, et comment l'oxigène, que doit contenir encore cet air incomplétement brûlé, n'aurait pas continué à consumer le charbon, au détriment de la quantité absorbée par le métal. Cependant le produit obtenu est bien de l'acier fondu, dont la composition correspond à la quantité de carbone indiquée, et il s'en fabrique journellement des quantités considérables par cette méthode.

En disant que, dans la réaction du gaz de l'éclairage sur le fer, l'acier ne prend jamais naissance, que l'aciération ne se manifeste que lorsqu'on fait réagir l'azote, et que c'est la proportion d'azote qui détermine le degré d'aciération, M. Frémy doit conclure que la fonte n'est pas un produit azoté, et qu'il doit suffire de lui fournir de l'azote pour la constituer à l'état d'acier.

Or, si l'on se reporte à la fabrication de l'acier par le procédé Bessemer, par la méthode Rivoise, par l'affinage au feu soufflé et au four à puddler, on comprendrait, jusqu'à un certain point, qu'en même temps que l'oxigène réduit l'excès de carbone, l'azote de l'air pût fixer ce qu'en retient le métal, parce qu'ici l'air arrive en grande abondance et peut fournir l'élément nécessaire. Mais il existe d'autres méthodes qui, sans être manufacturières, n'en donnent pas moins des résultats assez positifs, quand les matières employées sont convenables.

Ainsi, on peut produire de l'acier en cémentant de très-bonnes fontes dans les oxides métalliques; dans ce cas, toute l'opération consiste à enlever du carbone, il est peu probable que l'air ou l'azote puissent pénétrer à travers les caisses en tôle et la couche d'oxide, pour venir jouer un rôle dans la constitution du produit; et il est très-certain que, quand l'air pénètre accidentellement, il dérange toute l'opération.

On ne peut donc dire, d'une manière générale, que l'intervention de l'azote soit absolument nécessaire.

Nous doutons même très-fort qu'il puisse y avoir à cet égard la moindre distinction à établir entre les aciers et les fontes, car ces dernières sont aussi bien en présence de l'air et de l'azote par conséquent, dans leur production au haut-fourneau. Ne sait-on pas, d'ailleurs, que dans leur transformation progressive les minerais passent successivement de l'état d'oxide à l'état de fer et d'acier spongieux, puis à l'état d'acier fondu et de fonte; l'état d'acier existe dans les régions du ventre et des étalages, la conversion en fonte ne se fait que dans l'ouvrage, c'est-à-dire dans la partie du fourneau où l'on peut le moins concevoir une action désazotante, puisque la fonte qui vient de se former s'y trouve dans un milieu d'acide carbonique et d'azote, et qu'elle continue cependant à absorber du carbone. Qu'on ne perde pas de vue non plus que, dans la fusion directe au creuset, on produit de la fonte au lieu d'acier, si l'on force suffisamment la proportion de charbon végétal qui entre dans la composition de la charge..

Comment alors expliquerait-on l'élimination de l'azote, si l'on admet que les fontes ont dû nécessairement passer préalablement par l'état d'acier avant d'être définitivement constituées. Si l'azote avait réellement le rôle qu'on lui attribue, on pourrait au contraire établir comme certain qu'il reste dans la fonte, car cette dernière durcit et prend la trempe comme l'acier; elle n'en diffère qu'en ce qu'elle est trop fusible ou trop carburée pour pouvoir se forger et se souder, en ce qu'une partie de son carbone est à l'état de graphite intercalé, et en ce qu'étant impure elle ne peut rendre les mêmes services, en raison de sa fragilité.

Il nous paraît donc difficile d'admettre, jusqu'à meilleure preuve, la distinction que M. Frémy établit entre les deux classes de composés. Nous ne pensons pas non plus que les fers connus dans l'industrie sous le nom de fers brûlés puissent être assimilés aux fers azotés, car ces fers dits brûlés ne donnent jamais trace de carbone à l'analyse, et on les fait parfaitement revenir en les réduisant dans du poussier de charbon de bois, sans qu'ils absorbent du carbone tant qu'ils contiennent le principe de leur altération. Si ce principe était l'azote il est évident qu'ils devraient être avides de carbone.

Les fers ne se brûlent plus du moment qu'ils sont légèrement aciéreux; tout cela amène naturellement à penser que c'est l'oxigène, et non pas l'azote, qui produit cet effet pernicieux auquel le fer est d'autant plus sensible qu'il est plus pur.

Nous n'entendons du reste nullement nous prononcer d'une manière absolue à cet égard, ni prétendre que l'azote ne puisse, dans certains cas, produire des effets analogues, puisque nous les avons nous-mêmes signalés dans l'acier.

Nous ne nierons pas non plus que ce corps ne puisse agir d'une façon avantageuse dans la cémentation, mais nous ne voyons pas encore de raisons suffisantes pour établir qu'il soit l'agent indispensable sans lequel l'acier ne saurait exister.

Que les matières animales employées comme céments agissent avec plus de promptitude et d'énergie que ne le fait le charbon ordinaire, cela est incontestable; l'accélération que l'ammoniac communique à la cémentation est non moins certaine, ce fait est d'ailleurs connu depuis fort longtemps des praticiens; Réaumur recommande, pour la trempe en paquet, d'entourer le fer de sel ammoniac et de mélanger au cément pourri dans l'urine, de la potasse, du sel de nitre, du sel marin, etc., etc.

Mais, est-il bien certain qu'il y ait formation d'un azoto-carbure?

M. Jullien explique la pénétration plus rapide du carbone dans le fer, quand on emploie les matières animales, les huiles, la suie, le gaz de l'éclairage, etc., etc., par cette raison, qui s'applique généralement à tous les cas, que, dans ces matières, l'élément charbon se trouve à l'état de dissolution, ou à un état d'extrême division qui le rend éminemment propre à passer avec facilité dans le fer. Cependant nous devons objecter à cette explication, que les huiles végétales sont bien loin d'offrir à cet égard les mêmes avantages; et qu'on ne parvient à les faire agir efficacement qu'avec le concours de substances ammoniacales, sans lesquelles elles sont presque sans influence, ou n'opèrent qu'avec une excessive lenteur. Toutes les présomptions semblent donc, dans ces cas exceptionnels, démontrer une intervention utile, et les travaux de M. Frémy ne nous paraissent laisser aucun doute sur la possibilité de cette intervention. Mais est-elle générale et s'exerce-t-elle par une action de combinaison chimique? C'est là ce qui ne nous semble pas être suffisamment prouvé.

On s'expliquait autrefois l'action des sels, en général, et de l'ammoniaque en particulier, par une sorte de décapage ou désagrégation superficielle qui rendait le métal poreux et le prédisposait à se laisser plus facilement pénétrer par le carbone.

Il est démontré que l'azote peut agir de la même manière, puisque, poussée à l'extrême, l'azotation du fer finit par rendre ce métal pulvérulent.

Au surplus, la chaleur paraît procéder un peu dans le même ordre d'idées; on sait que la cémentation, qui est si lente dans les caisses, se fait en trois ou quatre heures quand on fond directement du fer avec addition de charbon dans un creuset; et bien certainement, l'absorption se ferait en quelques minutes, si l'on pouvait préalablement amener le fer à l'état de fusion avant l'introduction du charbon.

Or, la chaleur dilate, désagrége, ouvre les pores, et c'est surtout à cette action qu'il faut attribuer l'énergie qu'elle communique au pouvoir dissolvant des corps.

Au reste, la désagrégation par l'action d'une substance qui a pu séjourner temporairement dans le fer, puis disparaître par une intervention quelconque ou par substitution du carbone, n'a rien que la raison ne puisse admettre; elle n'est pas non plus, avec celle produite par la chaleur, la seule action physique qui puisse exercer une influence favorable dans la cémentation.

L'un de nos collègues, M. Limet, a fait, il y a quelques années, diverses expériences dont le but était de rechercher de meilleurs moyens pour l'aciération directe des objets façonnés en fer. Il avait reconnu que, dans la trempe en paquet telle qu'elle se pratique dans nos ateliers, les matières employées comme céments ne sont que très-imparfaitement utilisées, par suite de la distillation anticipée qu'elles subissent avant que le fer ait pu être amené à une température convenable. Certains indices lui avaient fait, en outre, supposer que la pression des gaz produits par la distillation pourrait bien exercer une influence utile. Il fit, en conséquence, disposer un appareil spécial dans les conditions suivantes : Une cloche en fer, plongeant dans un bain métallique maintenu au rouge, recevait les pièces à cémenter et communiquait par un tube en forme de siphon avec un récipient ou une cornue, contenant le cément. Lorsqu'on jugeait que les objets placés sous la cloche immergée avaient eu le temps de s'échauffer suffisamment, on y faisait arriver les gaz carburés provenant de la distillation du cément dans la cornue, ils s'y maintenaient sous une pression élevée en raison de la hauteur du bain liquide, et ils agissaient immédiatement sur le fer porté au rouge.

A l'aide d'une pression correspondant à une colonne de plomb fondu de 1^m,20 environ ; soit par conséquent, plus d'une atmosphère, et une température du bain métallique à peu près égale à celle de fusion du cuivre rouge, M. Limet obtint, en moins de trois heures, une cémentation complète et à cœur sur des barreaux ayant 13,30 m/m de section ; tandis qu'en opérant sans le secours de la pression il n'obtenait, en plus de 50 heures, que des résultats comparativement très-inférieurs. Il put fabriquer par ce moyen un assez grand nombre de limes qui furent cémentées après avoir été préalablement forgées, et furent ensuite trempées et recuites par les procédés ordinaires, sans qu'il fût nécessaire de recourir de nouveau à la forge pour resserrer le grain. Ces limes furent excellentes à

l'usage, la cassure présentait, après la trempe, toutes les appa-
rences d'une parfaite homogénéité, et avait la plus grande
analogie avec celle de l'acier fondu.

Une chose très-importante, que put en outre constater
M. Limet, c'est qu'en prolongeant, pour ainsi dire indéfiniment,
la durée de la cémentation on n'obtenait qu'exactement le
même résultat qu'en trois heures, temps du chauffage compris ;
ce qui semblerait, si ce fait se vérifie d'une manière générale,
être une nouvelle consécration du principe de la dissolution de
M. Jullien ; car il est clair qu'une fois saturé au maximum correspondant à la température et à la pression sous lesquelles
l'opération s'était effectuée, le métal ne pouvait se charger
d'une saturation supplémentaire, qu'à la condition d'une sur-
élévation de la température ou de la pression.

M. Limet avait été amené, par ses expériences mêmes, à
envisager le cyanogène qu'il pensait produire dans ses distilla-
tions, comme étant le véhicule le plus énergique du carbone
dans la cémentation ; il s'arrangeait en conséquence dans la
composition de ses céments. Cependant, nous avons tout lieu de
penser que les conditions étaient peu différentes de celles de
la cémentation en paquet ordinaire, sauf toutefois dans ce qui
a rapport à la meilleure utilisation des céments, et à la pression
des gaz résultant de leur distillation en vase clos ; il est donc
probable que le rôle de l'azote a du être sensiblement le même
dans les deux circonstances, et qu'il a pu prédisposer le fer à
recevoir la carburation. Mais l'intéressante expérience de
M. Limet, qui, malheureusement, paraît d'une réalisation pratique assez difficile, surtout au point de vue économique, nous
apprend, comme nouveau principe à ajouter à la somme des
connaissances acquises, que la cémentation peut être puissam-
ment secondée par le secours d'une pression artificielle.

Si l'on rapproche cette influence si remarquable de la pression, de celle que produit la désagrégation par l'azotation ou par la chaleur, cela ne semble-t-il pas démontrer que les actions purement physiques ont dans la cémentation le rôle véritablement important, et qu'il suffit, pour ainsi dire, de rechercher les conditions qui facilitent le mieux la pénétration du carbone dans le fer, pour résoudre le problème de l'aciération rapide ou instantanée.

En résumé, nous ne voyons rien jusqu'à présent dans les travaux de M. Frémy, qui soit de nature à infirmer les nouveaux principes théoriques que M. Jullien cherche à introduire dans la métallurgie. Nous croyons qu'il serait du plus haut intérêt que ces principes fussent sérieusement examinés et discutés, parce qu'ils nous paraissent fournir de précieux moyens pour l'étude des phénomènes généraux et pour guider les praticiens dans leurs recherches expérimentales. Ces principes ne complètent pas cependant tout ce qu'il serait désirable de connaître pour pénétrer plus avant dans les mystères de la métallurgie ; mais il suffit à nos yeux qu'ils expliquent un plus grand nombre de faits, pour justifier la préférence à leur accorder, et pour qu'il soit utile d'en conseiller l'adoption aux personnes qui, en dehors des questions purement scientifiques, ont un intérêt réel à s'éclairer.

Les travaux de M. Frémy ont fait ressortir, d'une manière plus complète que cela n'avait été fait jusqu'ici, le rôle que paraît jouer l'azote dans les composés de carbone et de fer. Mais nous ne voyons pas encore, d'une façon nette et irréfutable, de quelle nature bien déterminée est l'intervention de ce corps, si elle est générale, ou si elle n'est qu'accidentelle. Nous ne pouvons comprendre le rôle exceptionnel qu'on lui attribue dans la formation de l'acier, en tant que combinaison, parce que nous ne voyons, ni sous le rapport de la composition, ni sous celui des propriétés, la justification des distinctions caractéristiques de ce produit. Enfin, nous nous demandons si la question est assez avancée, ou assez claire, pour qu'on puisse y trouver des éléments utiles pour des applications industrielles.

Depuis que cette première partie de notre travail est sous presse, nous avons eu connaissance d'une nouvelle publication de M. Frémy, qui a paru dans le *Moniteur* et dans le Journal l'*Institut* du 5 avril. Cette dernière communication complète ce qui a rapport au rôle de l'azote dans la constitution de l'acier; M. Frémy cherche à prouver que l'acier cesse d'exister dès qu'on lui enlève son azote, et que toutes les observations tirées de la pratique confirment les idées qu'il a précédemment émises.

En soumettant une lame d'acier portée au rouge à l'action de l'hydrogène pendant trois heures, le métal s'est transformé en fer très-doux, qui ne durcit plus à la trempe, et a éprouvé une perte de poids de 1 p. 0/0 environ. Dans les mêmes circonstances, l'acide carbonique dénature également l'acier et laisse pour résidu un fer azoté. Nous ne voyons, quant à nous, dans ces deux expériences, que le départ du carbone, sans lequel non plus, l'acier ne saurait exister; pour qu'elles fussent concluantes, il faudrait trouver le moyen d'enlever l'azote sans toucher au carbone, et s'assurer qu'après l'élimination le métal ne durcit plus à la trempe, ne se laisse plus forger, et ne peut plus supporter le feu sans se dépouiller.

Revenant ensuite aux observations tirées de la pratique, M. Frémy s'attache à démontrer que dans la cémentation le fer peut emprunter l'azote, non seulement aux gaz qui pénètrent et circulent dans les caisses, mais encore au charbon qui s'y trouve. Quant à la pénétration de l'air, cette opinion s'appuie sur l'autorité des observations de M. Boussingault et sur le travail de M. Saunderson, mais on ne nous dit point dans quelles proportions cette pénétration, dont on cherche dans la pratique des aciéries à se préserver le plus possible parce qu'on la considère comme essentiellement nuisible, peut fournir l'azote nécessaire. M. Frémy n'indique point non plus la proportion que peut en contenir le charbon des caisses de cémentation, qu'il a reconnu être toujours azoté. Nous nous retrouvons donc, pour ce point important de la question, sur le terrain des conjectures, et nous ne craignons pas d'avancer à notre tour que, si la proportion d'azote contenu dans le charbon des caisses peut représenter un chiffre de quelque importance, à raison du volume de charbon employé, elle doit être ; par contre, tout à fait insignifiante dans les 200 à 400 grammes de charbon qui entrent dans la composition des charges dans la fabrication de l'acier fondu par fusion directe en creusets du mélange de fer et charbon. Enfin, il est certain qu'on peut remplacer dans les deux cas le charbon de bois par le graphite naturel, qui selon toutes probabilités ne contient pas d'azote et est cependant considéré, dans les localités où on peut se le procurer dans des conditions convenables, comme un excellent agent d'aciération.

Nous ne saurions donc voir, dans les dernières indications de M. Frémy, une preuve incontestable que l'intervention de l'azote soit absolument nécessaire ; mais nous admettrons volontiers que dans les cémentations à température peu élevée ce corps puisse avoir une influence sensible dans la rapidité de l'opération. Partout donc où, comme dans la trempe en paquet, on fait emploi de matières azotées, on peut attribuer la promptitude avec laquelle la pénétration du carbone a lieu à l'action de l'azote ; et l'on peut en même temps supposer que si, dans les fours à cémenter, l'action est infiniment plus lente, cela peut tenir à ce que la proportion d'azote y est très-faible ; enfin nous convenons qu'on trouverait dans l'épuisement qu'éprouve le charbon des caisses à cémenter une preuve très-évidente de l'utilité de l'azote, si le charbon, après avoir servi une fois, était reconnu tout à fait impropre, mais on sait qu'il s'emploie de nouveau, qu'on le mélange seulement d'une plus grande proportion de charbon frais; par conséquent on ne peut le considérer comme tout à fait incapable de participer à la cémentation, quoiqu'il ne puisse plus sans doute le faire qu'avec une excessive lenteur.

Quant à la manière dont l'azote agirait sur le fer pour le constituer à l'état d'acier, M. Frémy établit qu'il azote d'abord le métal, puis l'abandonne en partie sous l'influence des gaz hydrocarburés provenant de la distillation du cément; le fer en devient poreux, il se laisse alors pénétrer par le carbone qui constitue, avec la partie de l'azote restée combinée au métal, l'azoto-carbure de fer.

Ainsi, par exemple, l'ammoniaque pénétrant à cœur dans le métal au rouge produit d'abord de l'azoture de fer en dégageant de l'hydrogène, qui rend par son départ le fer poreux; les gaz hydrocarburés décomposent ensuite l'azoture en agissant par leur hydrogène et leur carbone; l'excès d'azote se dégage à l'état d'ammoniaque ou de cyanhydrate d'ammoniaque; ce qui augmente encore la porosité du métal; tandis que le carbone vient s'unir à un reste d'azote, et constituer le composé azoto-carboné qui paraît être l'élément essentiel de l'acier.

Dans l'affinage de la fonte au petit foyer ou au four à puddler, l'aciération serait quelquefois due à l'azote contenu dans les fontes, mais surtout à l'action des composés azotés fournis par le combustible et l'air qui agissent rapidement sur le fer au moment où il commence à prendre nature, c'est-à-dire quand il est rouge, poreux et à l'état naissant.

Ces explications, comme on peut le voir, s'accordent en

partie avec celles que nous avons données en attribuant à l'azote ou à l'ammoniaque le pouvoir de désagréger le fer, comme le fait la chaleur ; elles n'en diffèrent plus que par une faible proportion de l'azote absorbé qui, selon M. Frémy, resterait combinée, tandis que nous ne l'envisageons que comme restant accidentellement dissoute dans le fer.

M. Frémy pense, du reste, expliquer d'une manière satisfaisante par son système la formation des ampoules qui se manifestent dans la cémentation du fer ; formation qu'il serait, selon lui, impossible de justifier par l'ancienne théorie. Ces ampoules seraient produites par les gaz qui résultent de l'action des composés hydrocarburés sur l'azoture de fer. Nous ne pouvons, à cet égard, partager l'opinion de M. Frémy ; la formation des ampoules s'explique parfaitement dans l'ancienne théorie par la réduction de l'oxygène contenu dans les pailles d'oxide accidentellement répandues dans les fers martelés. Les fers très-purs contiennent toujours de ces pailles en plus ou moins grandes quantités ; cela résulte nécessairement des imperfections du procédé de fabrication par affinage au feu d'affinerie. On sait que la loupe cinglée n'est pas complétement épurée, et que les chaudes qu'on lui fait ultérieurement subir ont autant pour but de compléter l'épuration mécanique et chimique que l'étirage. Quoi qu'on fasse, on ne peut parvenir à faire disparaître complétement les pailles d'oxide emprisonnées pendant le ravallage et le cinglage de la loupe ; il en subsiste toujours plus ou moins dans les fers étirés, et quand ceux-ci sont soumis à la cémentation, le carbone les rencontre, se combine avec leur oxygène, produit de l'oxide de carbone qui, étant lui-même emprisonné, forme par sa tension dans le fer ramolli par la chaleur les chambres ou cloches qu'on désigne sous le nom d'ampoules. On trouve la preuve très-nette de cette action dans ce fait, que ce sont précisément les fers les plus purs chimiquement qui donnent le plus d'ampoules ; les fers légèrement carburés n'en donnent pas parce que les pailles d'oxide ne pourraient exister ; les cloches se formeraient avant le forgeage, auquel elles ne résisteraient pas. Parmi les fers de Suède les plus purs, ce sont ceux qui ont été le moins bien manipulés qui produisent le plus d'ampoules, et c'est particulièrement parmi les meilleures marques qu'on rencontre le plus régulièrement cet inconvénient, parce que ce sont aussi celles qui sont traitées par les méthodes les moins perfectionnées.

Les fabricants suédois attachent une si grande importance à ne pas compromettre la nature aciéreuse de leurs produits, qu'ils reculent systématiquement devant toutes les innovations modernes, et s'en tiennent, pour plus de sûreté, aux méthodes qu'ils ont toujours employées sans y rien changer, et qu'ils employaient déjà il y a plus de deux cents ans.

Partout, au contraire, où l'on emploie des fers puddlés corroyés bien fabriqués et à grains, ce qui dénote la présence d'une petite proportion de carbone, on n'a presque pas d'ampoules à la cémentation. Ces faits pratiques s'accordent parfaitement à l'explication de la formation des ampoules par l'oxide de carbone, et nullement à celle de la réaction des hydrocarbures sur l'azoture de fer, car, dans ce dernier cas, les ampoules devraient être aussi abondantes dans les fers à grains que dans les fers à nerf, et c'est le contraire qui a lieu.

Quant à l'action des substances étrangères, M. Frémy attribue au silicium, au phosphore et au soufre, des droits de préséance dans leur combinaison avec le fer ; il s'est assuré qu'alors l'azotation devient impossible, et par suite l'aciération. Nous n'avons rien à répondre quant aux deux premiers métalloïdes, quoique, cependant, dans certains cas, dans ceux, par exemple, où l'élasticité seule est en jeu, on puisse encore.

utilement employer des aciers légèrement siliceux. Mais, quant au soufre, nous dirons qu'il existe des aciers doux, sulfureux, qui présentent à froid une résistance et une malléabilité extraordinaires, et qui s'emploient avec avantage pour les ouvrages tels que les cuirasses, par exemple, où la forme est difficile à réaliser. Les minerais de l'île d'Elbe et ceux de la Savoie donnent des aciers sulfureux qui sont plus ou moins rouverains, mais qui sont cependant assez répandus; particulièrement ceux connus sous le nom d'aciers de Rives.

M. Frémy pense, du reste, que le soufre et le phosphore font blanchir les fontes; qu'on essayera en vain de donner au fer le carbone en excès, et de le changer en fonte grise, lorsque ces corps resteront en combinaison avec le métal; et que le silicium seul peut exister simultanément avec le carbone dans les fontes grises.

Le manganèse, le nickel, le titane, le tungstène, etc., en se combinant au fer, peuvent d'abord modifier d'une manière utile les propriétés de l'acier, et donner de véritables alliages; mais, les métaux qui paraissent à M. Frémy principalement faciliter l'aciération sont ceux qui, comme le titane et le tungstène, forment, avec l'azote, des composés fixes.

Il résulterait de ces données, que les différents corps qui composent la famille des aciers ont pour base un azoture de carbone ou des azotures métalliques.

Quant à cette dernière classe de composés, nous nous bornerons à faire observer que nous ne doutons pas de la possibilité de produire des alliages; mais nous ne pensons pas qu'on puisse les assimiler à celui qui constitue l'acier, parce que le carbone seul communique au produit la faculté de durcir à la trempe, et de rester doux quand il n'est pas trempé.

Certains alliages peuvent exalter l'une ou l'autre des propriétés de l'acier; l'argent, par exemple, peut augmenter sa tenacité, le tungstène peut augmenter sa dureté, mais c'est toujours aux dépens de la propriété opposée, et ils ne constituent pas l'acier en l'absence du carbone.

L'acier contenant du tungstène perd de son corps; des expériences récentes, faites en Allemagne, ont démontré qu'il ne pouvait convenir pour la préparation des coins destinés à frapper les monnaies, quoiqu'il ait été reconnu qu'il était susceptible d'acquérir une très-grande dureté.

Dans la suite de sa communication, M. Frémy déclare que la qualité de l'acier ne dépend pas de la nature chimique de tel minerai appartenant à quelques localités privilégiées; elle repose uniquement sur la pureté des fers et des fontes que l'on emploie; *les fabricants français pourront donc, en épurant leurs produits, produire des aciers de première marque.* Nous partageons cette opinion en ce qui concerne la pureté; mais nous devons observer qu'il ne s'agit pas seulement de la pureté chimique, mais encore d'une pureté mécanique qu'il est presque impossible de réaliser industriellement avec la plupart des meilleurs minerais. Les excellents minerais à aciers de la Suède présentent, sur tous les autres, cet immense avantage, qu'en même temps qu'ils sont très-purs de matières nuisibles, ils sont doués d'une extrême fusibilité, ce qui dispense de l'emploi de fondants; ils sont préalablement grillés au charbon de bois, le prix des charbons étant très-bas, on ne l'épargne pas; on le lave même à grande eau et avec le plus grand soin, pour en séparer toute espèce de souillures; les soins qu'on donne à l'affinage et au martelage entraînent à des consommations considérables; et l'on arrive à créer des produits très-purs, mais à des prix qui sont déjà fort élevés, malgré le bon marché de la main-d'œuvre, et les conditions particulièrement favorables dans lesquelles on se trouve. De pareilles conditions ne sont pas aussi facilement réalisables en France; il est probable que, si l'on y parvenait à atteindre autant de qualité qu'en Suède, ce ne pourrait être qu'à la condition d'augmenter considérablement les prix de revient des produits, et qu'il y aurait toujours préférence, par conséquent, à s'adresser à la Suède, pour en tirer les fers nécessaires pour la fabrication des aciers d'élite.

La fabrication de l'acier a traversé en France, depuis près de deux siècles, une série de phases qui lui ont été presque constamment fatales. Tous les gouvernements qui se sont succédé depuis le règne de Louis XIV jusqu'à nos jours, jaloux de réserver ce débouché à l'utilisation des matières premières indigènes, sont intervenus dans la question, soit en fournissant aux savants les moyens de l'étudier à fond, et en leur donnant, officiellement, la mission d'éclairer le public sur cette partie de la métallurgie, soit en venant en aide aux fabricants, par des faveurs et des secours d'argent, soit, enfin, en prenant eux-mêmes l'initiative par la création de grands établissements confiés à la direction des hommes, qui, par leurs travaux antérieurs, avaient paru le mieux en état d'en assurer la prospérité.

Pour qui connaît l'histoire des aciéries françaises, il y a ce fâcheux résultat à constater, comme le fait M. Le Play dans un mémoire publié en 1846, « que les mécomptes, qu'ont éprouvés, pendant un siècle et demi, toutes les usines à aciers qui se sont établies en France tiennent essentiellement aux opinions erronées propagées par Réaumur, et entretenues par des expériences officielles, touchant la propension aciéreuse des fers indigènes. Les succès réels qui ont été récemment obtenus en France, c'est-à-dire les seuls qui puissent un jour se maintenir dans les conditions d'une libre concurrence, sont dus à l'adoption pure et simple des moyens d'action sur lesquels, depuis deux siècles, est fondée la prospérité des aciers anglais, savoir : l'élaboration des fers à aciers du Nord, et particulièrement des meilleures marques de Suède. »

Sans être aussi absolu que M. Le Play, nous croyons néanmoins devoir insister, afin qu'on ne se fasse pas trop d'illusions quant aux espérances que donne M. Frémy sur la possibilité, tant de fois proclamée depuis deux siècles, de remplacer les premières marques de Suède par les fers indigènes.

De toutes les innombrables expériences qui ont été tentées tant en France qu'ailleurs, il est au moins resté ce fait : c'est que, de tous les céments employés, le préférable est le charbon pur. C'est aussi à peu près le seul dont on fasse usage aujourd'hui dans les aciéries; et c'est cependant celui de tous qui paraît être le moins azoté.

N'y aurait-il pas là un argument tout à fait contraire à la théorie de M. Frémy? Car on peut le dire, tous les céments possibles et toutes les combinaisons des céments entre eux ont été successivement essayés un grand nombre de fois et en tous lieux, puis abandonnés et repris; et on est toujours, et définitivement, revenu au charbon pur.

Les matières azotées et les autres moyens énergiques ne sont jamais employés que quand il s'agit d'aciérer superficiellement des objets façonnés en fer; la cause en est facile à apprécier; il y a intérêt à ne soumettre le métal à l'action d'une haute température que le moins longtemps possible, parce que cet état, lorsqu'il est trop prolongé, détermine la cristallisation du fer; ce n'est donc qu'en usant de moyens rapides et énergiques qu'on peut espérer éviter cet inconvénient. A cet égard, les expériences de M. Limet, que nous avons rapportées, pourront mettre sur la voie d'utiles perfectionnements; mais, pour la fabrication économique de l'acier en barres, les cémentations énergiques et promptes ne présentent plus le même degré

6

d'utilité, et comme il est reconnu que les céments composés ne donnent pas d'aussi bons résultats que les charbons purs, et que les manipulations ultérieures de la forge ôtent toute importance à l'inconvénient de la cristallisation dans les aciers poules, il est tout naturel qu'on préfère les derniers, qui s'obtiennent d'ailleurs à des prix moins élevés.

M. Caron a aussi fait, en même temps que M. Frémy, une nouvelle communication à l'Académie des Sciences, dans laquelle il défend la théorie qui lui est propre, celle qui attribue l'aciération dans les caisses de cémentation, à la présence de l'azote, concurremment avec l'alcali des cendres, ce qui donne lieu à la formation du cyanure de potassium dont on connaît l'énergie comme agent d'aciération.

M. Caron considère que si, comme dans les expériences de cémentation par les hydrogènes carbonés, on donne au fer du charbon libre ou presque libre, on obtient trop facilement la saturation du fer par le carbone, on n'a que de la fonte ; mais, si l'on présente au métal une matière carburée, dont les éléments soient unis entre eux par une énergique affinité que le fer ne puisse vaincre que par un contact prolongé, l'aciération produite à la surface des barreaux n'aura pas dépassé la limite désirable, avant que le fer ne soit cémenté jusqu'au centre ; les cyanures seuls cémentent, du moins aux températures employées dans l'industrie, parce que ce sont les seules combinaisons du carbone qui soient indécomposables et volatiles.

Un contact trop prolongé, une température trop élevée, peuvent changer les effets produits, et transformer le fer en fonte, d'autant plus facilement, que les cyanures employés seront plus volatils et plus décomposables ; et M. Caron pense, pour cette raison, que la matière aciérante la plus industrielle doit être le cyanure de baryum, parce qu'il est le moins volatil des cyanures.

M. Caron prétend du reste produire l'aciération par d'autres substances carburées ne contenant pas d'azote. Le gaz des marais par exemple, et le gaz d'éclairage qui contient de ce dernier en quantité considérable, produisent directement sur le fer, à la température du rouge franc, une cémentation qui n'est pas aussi rapide, mais qui est aussi belle que celle des cyanures.

Le gaz oléfiant ne cémente pas, parce qu'il est trop facilement décomposable par la chaleur. Le cyanogène peut à la rigueur cémenter, mais moins bien que le gaz des marais.

Les conclusions de M. Caron sont que, pour obtenir la transformation du fer en acier, il faut que l'agent de cémentation puisse apporter le charbon à l'état de combinaison jusque dans les pores du fer où ce métal se l'approprie à l'état naissant. Mais il n'envisage point que l'azote soit nécessaire, et il pense que les cémentations obtenues en dehors de la présence de ce corps doivent fixer l'opinion sur ce point. Il existe, dit-il, suivant M. Nicklès, une série d'analyses de fers, fontes et aciers, qui attestent la présence de l'azote dans ces métaux ; seulement tous n'en renferment pas, et le maximum qu'on ait pu en trouver se monte à 0,0002 (*Annuaire de chimie*, 1857, page 107). Si l'on veut bien se rappeler aussi que M. Marchand, dans ses analyses si scrupuleuses et si délicates, n'a jamais pu trouver que des quantités d'azote, ou nulles, ou réellement négligeables ; que M. Schaffhault, le grand partisan de la présence de l'azote dans les aciers, a été obligé de reconnaître l'exactitude des observations de Marchand, on arrivera naturellement à la même conclusion que le célèbre chimiste allemand : « S'il y a de l'azote, il appartient nécessairement à des matières mélangées au fer, matières qui ne font pas plus partie intégrante du métal que les scories qu'on y trouve mêlées. »

Au surplus, M. Caron fait remarquer qu'il n'est pas possible de supposer qu'il puisse se former de l'azoture de fer dans les opérations industrielles, parce qu'il n'y a pas d'ammoniaque dans les caisses de cémentation, et y en eût-il, il serait immédiatement décomposé. L'azote libre ne se combine pas avec le fer; mais au contact du charbon et des cendres il donne le cyanure de potassium qui, selon M. Caron, serait le véritable agent de la cémentation.

Nous pourrions faire à cette théorie les mêmes objections que nous avons faites à celle de M. Frémy, mais du moment que M. Caron admet la possibilité d'une cémentation sans l'intervention obligée de l'azote, tous les cas que nous pourrions citer, et ce serait le plus grand nombre, seraient pour lui des exceptions. L'idée des cyanures est séduisante, parce qu'en effet ces corps sont des agents d'aciération très-puissants ; mais elle ne pourrait s'appliquer qu'au seul cas particulier de la cémentation du fer au contact du charbon ; il resterait toujours à démontrer que l'azote peut exister ou pénétrer en suffisante quantité pour produire le résultat voulu, et c'est un point sur lequel il est permis d'élever les doutes les plus légitimes. En tous cas, le produit définitif serait un composé de fer et de carbone dans lequel ce dernier corps aurait été apporté au travers des pores du métal par un composé gazeux qui l'aurait cédé à l'état naissant; mais cela supposerait aussi que le produit final serait un vrai carbure, c'est-à-dire une combinaison de carbone et de fer à proportions définies, disous dans la masse du fer ; et nous rentrerions dans toutes les obscurités de l'ancienne théorie quant à l'explication des autres phénomènes de la métallurgie.

La cémentation du fer par le gaz de l'éclairage, que M. Caron lui-même attribue au carbone tenu en suspension, prouve qu'il n'est pas nécessaire que ce corps se présente à l'état naissant. Le gaz des marais, le cyanogène et les cyanures sont peut-être dans le même cas.

Pour compléter, autant qu'il nous est possible, les renseignements qui peuvent être utiles dans l'étude des théories de l'acier, nous croyons devoir donner ici le résumé de quelques notes relevées au cours de chimie professé à l'université de Giessen par M. de Liebig, et dont nous devons nous-mêmes la communication à l'obligeance de M. Frédéric Weil, ingénieur chimiste, membre de notre Société.

On obtient, par la calcination du cyanure de mercure dans une cornue, un résidu fixe de couleur noire brunâtre qui ne brûle au contact de l'air qu'à une température élevée. M. Johnston a démontré par l'analyse que ce résidu, qu'on avait cru n'être autre chose que du charbon provenant de la décomposition du cyanogène, renferme les éléments du cyanogène dans les mêmes proportions que le cyanogène lui-même, ce qui constitue une modification qu'il appelle le paracyanogène, matière fixe, de couleur brune-noirâtre, composée de carbone et d'azote, C^2Az.

On peut le préparer de diverses manières avec différentes substances cyanogénées; sa préparation avec du cyanure d'argent présente le plus d'intérêt. Une dissolution d'argent mise en contact avec de l'acide cyanhydrique donne un précipité anhydre d'un blanc éclatant formé de cyanure d'argent.

Ce corps, soumis à une certaine température, entre d'abord en fusion et se décompose ensuite avec incandescence en dégageant du cyanogène gazeux; le résidu de l'opération, traité par l'acide azotique, ne s'y dissout pas entièrement; il reste un résidu noir que l'on a pris jusqu'ici pour de l'argent carburé. Or l'analyse exacte de ce résidu, faite dans le laboratoire de M. Liebig, a démontré qu'il renferme du cyanogène modifié, c'est-à-dire du paracyanogène combiné avec de l'argent.

Ce corps, après avoir été épuisé à quatre reprises différentes par l'acide azotique, s'est trouvé composé de $C_6 Az_3 + Ag$, c'est-à-dire de 3 équivalents de cyanogène, formant la molécule du paracyanogène, combinés avec un équivalent d'argent. Le paracyanogène forme ainsi avec l'argent une combinaison chimique dans laquelle subsistent les propriétés métalliques de l'argent. On pouvait donc supposer que le paracyanogène est capable de former avec d'autres métaux des combinaisons analogues, et c'est ce qui avait porté le célèbre chimiste allemand à croire aussi que l'acier n'est point un simple carbure, mais plutôt un paracyanure de fer.

Le gaz ammoniac étant décomposé par le fer rouge en azote et hydrogène, et le charbon incandescent le transformant en acide cyanhydrique et hydrogène, le gaz ammoniac, en passant sur du fer carburé porté au rouge, doit nécessairement produire de l'acide cyanhydrique, et, par conséquent, du paracyanure de fer.

M. de Liebig ajoute qu'il a constamment constaté la présence du cyanure de potassium dans les hauts-fourneaux marchant au coke, et il explique le fait par les quantités assez considérables de gaz ammoniac que donne la houille par la distillation sèche; ce gaz est transformé en acide cyanhydrique par le charbon incandescent, et l'acide cyanhydrique, en présence de n'importe quel oxide métallique, donne toujours naissance à un cyanure. La présence du cyanure de potassium a d'ailleurs été aussi constatée dans les fourneaux au charbon de bois.

Cette théorie, qui n'est, en définitive, qu'une hypothèse à l'égard de l'acier, laisse subsister toutes nos objections; elle ne s'appliquerait, comme on peut en juger, qu'aux fers déjà carburés et surtout aux fontes, puisque tout s'y prêterait pour le mieux dans les hauts-fourneaux. Quoi qu'il en soit, la concordance qu'elle présente, eu égard à la présomption sur la composition chimique de l'acier, avec les idées de M. Frémy, est remarquable, et l'autorité du grand nom de M. Liebig lui donne un grand poids.

Si ces illustres chimistes sont réellement dans la bonne voie, il leur sera facile de nous convaincre; il leur suffira de vérifier, par des analyses quantitatives, que tous les divers produits qui constituent la famille des fers, fontes et aciers, sont bien composés comme ils le présument; et nos objections auront peut-être le mérite de provoquer de leur part des éclaircissements sur les points que la pratique a le plus d'intérêt à bien connaître, et de les engager à remplacer les théories insuffisantes du passé par une théorie plus en harmonie avec le besoin de progrès qui anime aujourd'hui notre industrie métallurgique. En attendant, nous croyons en toute conscience qu'il n'y a pas lieu encore de se préoccuper trop fortement des controverses soulevées dans ces derniers temps par la question des aciers; nous pensons que cette question est encore assez loin de pouvoir être résolue scientifiquement, et que les principes théoriques introduits par M. Jullien seront d'un emploi beaucoup plus utile, si on ne cherche pas à les souder trop tôt aux nouvelles idées, sur lesquelles on n'est, d'ailleurs, point d'accord, et qui, tant qu'elles n'auront pas été étudiées plus à fond, ne paraissent pas appelées à rendre des services immédiats au point de vue des applications industrielles.

Dans les discussions, et sous l'empire de l'espèce d'enthousiasme que les communications, du reste fort précieuses et fort intéressantes, de M. Frémy, ont soulevées, on ne s'est pas fait faute de qualifier les méthodes actuelles de préparation de l'acier, de barbares ou primitives. C'est toujours ce qui arrive quand on croit apercevoir de nouveaux moyens à substituer aux anciens procédés.

Rien n'est cependant plus simple et plus rationnel que les méthodes actuelles. La difficulté n'est pas de produire au hasard un acier quelconque, et c'est en cela que la plupart des innovateurs échouent, quand, faute de connaître suffisamment la question, ils viennent présenter de nouvelles inventions dans lesquelles on ne s'est préoccupé que de la question purement chimique ou théorique.

La véritable, la seule difficulté de la fabrication actuelle, c'est de produire égales, homogènes et pures toutes les espèces très-variées d'aciers réclamées par les besoins de l'industrie.

Le fabricant est, pour ainsi dire, constamment sous l'empire de deux nécessités opposées, celle de faire d'excellents produits qui coûtent alors fort cher, et celle de satisfaire aux besoins généraux de l'industrie qui veut cependant payer le moins cher possible. Il faut donc qu'il s'étudie à approprier chaque nature de produits aux divers emplois qu'on en veut faire, afin de pouvoir répondre, au mieux des intérêts de chacun, à la double proposition du maximum de qualité strictement nécessaire, et du minimum de dépense; c'est en quelque sorte la résultante de ces deux propositions qui est la solution du problème; elle embrasse, comme on peut bien le penser, une infinité de questions secondaires qui exigent, de la part du fabricant, des connaissances pratiques très-étendues et surtout très-minutieuses.

Au point de vue du maximum de qualité, toute la question se résume à ceci : rechercher les fers les plus purs, les cémenter avec lenteur et les refondre jusqu'à deux fois en creuset.

Prendre le fer comme point de départ ou base de la fabrication de l'acier, c'est s'assurer le seul moyen pratique d'obtenir la plus grande pureté du produit; la cémentation lente est le moyen le meilleur pour en établir l'égalité, et la fusion, pour en réaliser l'homogénéité.

Nous avons suffisamment insisté sur la question de pureté, de laquelle dépend le corps de la matière, pour qu'il soit superflu d'y revenir.

Quant à l'égalité, il suffit de se rendre compte de la nature délicate des services que le produit est appelé à rendre, pour se pénétrer de son importance. Or si, comme nous l'avons dit, la saturation du carbone dans le fer est proportionnelle, d'une part à la température à laquelle se fait l'opération, et d'autre part à la durée de cette même opération par rapport aux dimensions du fer, on doit concevoir qu'à chaque nature de produit correspond un maximum de chauffage, et que pour arriver à l'égalité convenable quand on opère sur des masses considérables, le seul moyen pratique est d'y mettre le temps. On commence donc par chauffer un peu fort pendant les premiers jours, puis ensuite on ralentit le feu et on le maintient pendant un temps suffisamment long pour que la quantité de carbone introduite pendant la première période ait le temps de se répartir uniformément dans toute la masse. Cependant, malgré toutes les précautions qu'on pourra prendre, on n'arrivera jamais à une exactitude rigoureuse, parce qu'il n'est matériellement pas possible de chauffer uniformément des masses aussi considérables que celles des caisses à cémenter. C'est pour cela, et pour obtenir en même temps l'homogénéité la plus parfaite, qu'on a recours à la fusion ; à cet effet, on compose les charges aussi régulièrement qu'on peut y arriver par l'inspection de la cassure du produit cémenté. Une seule fusion suffirait pour réaliser l'homogénéité, si l'on était toujours maître d'élever suffisamment la température, pour communiquer à la masse fondue une parfaite fluidité. Mais c'est déjà une grande difficulté pratique, que d'atteindre des températures aussi élevées que celles que nécessite la fusion de l'acier. On est donc forcé, dans certains cas, de recourir à une deuxième fusion, lorsqu'on veut atteindre la perfection du produit, au double point de vue de l'égalité et de l'homogénéité.

Si l'on considère d'une part l'importance excessive des services qu'on demande à l'acier, et d'autre part les dépenses considérables que représentent les travaux préparatoires qu'il doit subir pour être amené à la forme sous laquelle il doit fonctionner, on doit se pénétrer du sentiment des précautions infinies qui doivent présider à sa fabrication.

Qu'on nous permette, à ce sujet, de citer un seul exemple que nous retirons d'anciennes notes un peu vieilles, à la vérité, mais d'une actualité suffisante pour le but que nous nous proposons.

Jusqu'en 1850, la monnaie de Paris employait, pour ses coins de monnayage, de l'acier corroyé fabriqué par M. Schmidtborn de Goffontaine. Cet acier était enveloppé d'une chemise de fer, et forgé en coins qui étaient ensuite tournés pour recevoir la gravure. Ces coins donnaient en moyenne au moins 10 p. 0/0 de perte à la trempe; cette perte s'est élevée à certaines époques jusqu'à 25 p. 0/0.

L'acier corroyé, forcément moins pur et moins homogène que l'acier fondu, ne pouvait d'ailleurs donner pour la gravure que des surfaces défectueuses; le poli en était très-imparfait.

La moyenne de monnayage, en pièces de cinq francs était, pour un coin, de 40 à 50,000 pièces.

Lorsqu'on en vint à employer l'acier fondu, on obtint dès le commencement 80 à 90,000 pièces, puis 100,000 et plus; une paire de coins d'acier fondu français, de Jackson frères, a pu même frapper jusqu'à 500,000 pièces ; les rebuts à la trempe se sont trouvés réduits à moins de 1 p. 0/0. Si l'on réfléchit à l'importance de la main-d'œuvre représentée par la gravure, que tout ce travail préparatoire peut être perdu par un accident de trempe, qu'enfin, même quand on réussit, on peut avoir des rendements très-différents, on se convaincra de l'importance qu'il faut attacher aux soins de la fabrication, et on se fera une plus juste idée de la nature des difficultés à vaincre.

Nous pourrions trouver dans la préparation des rouleaux de laminoirs, des matrices d'orfévrerie, des galets à aplatir le trait d'or et d'argent, et dans une infinité d'autres objets, des exemples non moins frappants, mais cela nous entraînerait trop loin. Nous pensons d'ailleurs en avoir dit assez pour faire comprendre que, si l'azotation peut offrir des moyens plus parfaits, plus expéditifs, plus sûrs et plus économiques de procurer l'homogénéité et l'égalité des produits, elle rendra de réels services, mais il est peu probable que l'azote fasse de bons aciers avec des fers médiocres, et nous ne sommes pas convaincu que, s'il reste en totalité dans le produit, il n'en altère pas la qualité.

Au reste, toute la question nous paraît se résumer à ceci : considéré au point de vue théorique, l'acier est, comme la fonte, un composé à proportions variables des éléments principaux, carbone et fer, et, suivant M. Jullien, un composé dans lequel le fer est à l'état mou, et le carbone à l'état amorphe dans l'acier doux, et à l'état cristallisé dans l'acier trempé. Si l'azote est intervenu dans sa formation, rien ne s'oppose à ce qu'il soit intervenu dans la formation de la fonte, et selon toute probabilité, à part les questions d'impuretés chimiques, il n'y a de différences à établir que dans les quantités relatives et dans la forme physique que le carbone affecte dans les diverses variétés de ces deux classes de produits.

Au point de vue pratique, l'acier est un produit ductile, susceptible de durcir à la trempe en conservant sa tenacité, et capable de supporter le travail de la forge, d'aller souvent au feu sans éprouver d'altération sensible dans ses propriétés aciéreuses. Ce sont, à ces deux points de vue, les produits les plus purs, c'est-à-dire les composés purs de carbone et de fer, qui ont paru jusqu'ici donner les plus grands effets.

Si l'on compare le produit théorique au produit commercial, on voit qu'il n'y a réellement de différence que dans l'état de pureté du composé. C'est, en effet, à cette pureté qu'on doit le corps et la persistance des propriétés utiles, et ce sont, en somme, ces propriétés utiles qui en font la valeur commerciale.

La teneur en carbone se trouvait autrefois limitée, d'une part, par la nécessité du durcissement à la trempe, et, d'autre part, par le mode de préparation. Tant que les moyens de production se sont trouvés bornés à la cémentation du fer dans le charbon, on ne pouvait obtenir qu'un maximum de saturation proportionnel à la température qu'on pouvait atteindre sans danger de mettre le produit en fusion dans les caisses à cémenter. Plus tard, la fusion en creusets a procuré un moyen de préparer des aciers plus durs, par l'addition de proportions supplémentaires de charbon au fer déjà carburé à son maximum de saturation à l'état solide. Il est fort possible que le secours de l'azotation puisse permettre d'atteindre tous les degrés de saturation, sans qu'il soit nécessaire de faire intervenir les hautes températures; mais cette ressource ne procurera pas l'égalité et l'homogénéité rigoureuses, si les fers employés ne sont pas eux-mêmes rigoureusement homogènes et égaux; ce sera probablement là que sera l'échec, si l'on cherche à tirer parti industriellement des recherches de M. Frémy. Aujourd'hui, de nouveaux besoins ont fait franchir les anciennes limites; on est arrivé à préparer des aciers qui prennent à peine la trempe, et qui, cependant, n'en méritent pas moins, par la nature des services qu'ils sont appelés à rendre, le nom d'aciers.

Les aciers fondus qu'on prépare pour rails, bandages, essieux, pièces de machines, etc., prennent difficilement la trempe, parce qu'ils sont très-peu carburés, et qu'ils se présentent toujours sous des volumes trop forts pour qu'il soit facile de leur faire subir un prompt refroidissement. Peut-être exagère-t-on trop, dans ces applications nouvelles, le rapprochement de la nature du produit, à celle du fer pur. La qualité essentielle qu'on doit chercher dans ces applications, c'est l'élasticité de la matière; car, c'est cette propriété qui la fait le mieux résister aux chocs, aux secousses et aux pressions excessives, pour lesquels le fer est devenu insuffisant. Or, l'élasticité résulte de l'union intime de la ténacité qui vient du fer, et de la dureté qui vient du carbone; ce dernier pousse à la fragilité lorsque ses proportions sont exagérées; mais il existe une moyenne de proportions respectives qui correspond à un maximum d'élasticité sans fragilité, c'est ce qui a été réalisé, par exemple, dans la préparation des aciers à ressorts, qui, lorsqu'ils sont convenablement fabriqués avec de bonnes matières, donnent des effets tout à fait supérieurs.

C'est aussi ce que nous voudrions voir réaliser dans les applications ci-dessus mentionnées, et ce que nous nous sommes toujours efforcé à faire prévaloir quand nous avions voix délibérative dans la question. Les produits de Krupp, qui ont fait une si grande sensation lors de leur apparition dans l'industrie, répondent assez bien à cette condition, cependant les éléments dont ils proviennent ne présentent, par eux-mêmes, rien de supérieur aux ressources qu'on peut trouver en France, pour atteindre les mêmes résultats; les difficultés et les frais de fusion sont d'ailleurs d'autant plus grands, qu'on se rapproche plus de la fusion du fer pur. C'est donc à tort qu'on cherche à discréditer les produits très-doux, en disant que les fabricants voudraient faire passer du fer pour de l'acier. La critique de-

vrait plutôt se porter sur la fausse voie des tendances industrielles, et sur l'oubli qu'on fait trop souvent des difficultés
pratiques, dans les jugements qu'on porte sur les efforts de
l'industrie privée, quand celle-ci n'a cependant réellement en
vue que la réalisation d'un nouveau progrès.

2374. — Typ. de GUIRAUDET, place de la Mairie, 2, à Neuilly.